Der amerikanische Geist im Zeitalter von Trump

Christlicher Gottesstaat gegen Säkularismus
Raubtier-Kapitalismus gegen soziale Marktwirtschaft

Ivan Beggs

Urheberrecht © 2019 von Ivan Beggs

Alle Rechte vorbehalten. Dieses Werk ist urheberrechtlich geschützt und darf ohne schriftliche Genehmigung des Herausgebers, weder ganz noch in Teilen, vervielfältigt, verbreitet oder übertragen werden, weder durch Fotokopieren, Aufzeichnen oder andere elektronische oder mechanische Methoden. Hiervon ausgenommen sind kurze Zitate im Rahmen von Rezensionen oder anderen, nichtkommerziellen Verwendungszwecken, die das geltende Urheberrecht zulässt.

Für Genehmigungsanfragen wenden Sie sich an den Herausgeber:
Quest4A@protonmail.com
Ivanbeggs.com

„Der amerikanische Geist im Zeitalter von Trump" von Ivan Beggs

Editor: Jim Nelson, Hendersonville, NC
Buchdesigner: Buchdesigner: Ghislain Vianu, Clearwater, Florida
Cover-Erstellung: Phyllis Barnard, Candler, NC; Ghislain Vianu, Clearwater, Florida
Cover-Erstellung: Ivan Beggs – Alle Rechte vorbehalten
Hintergrundbild Umschlag: GCShutter @iStock by Getty Images
Übersetzung: Benedikt Stamm (www.giraffenpapa.com)

ISBN: 978-1-7341167-3-1 Softcover – Schwarzweiß - Englisch
ISBN: 978-1-7341167-5-5 Softcover – Schwarzweiß – Deutsch

POL040000 **POLITIKWISSENSCHAFT** / Amerikanische Regierung / Allgemein
POL046000 **POLITIKWISSENSCHAFT** / Kommentar & Meinung
POL042000 **POLITIKWISSENSCHAFT** / Politische Ideologien / Allgemein

p. cm.

HF0000.A0 A00 2010
299.000 00–dc22 2010999999.
Erstausgabe
14 13 12 11 10 / 10 9 8 7 6 5 4 3 2 1

Danksagung

Vielen Dank an Marlene, meine Frau seit fünfzig Jahren, für ihre Geduld, und besonders an meine Kinder. Ich danke auch den Aberhunderten Menschen, die mir bereitwillig und offen ihre Ansichten und Zweifel zu Gott, Säkularismus, Kapitalismus und Sozialismus mitgeteilt haben.

Dank gebührt

Jim Nelson für das sorgfältige und aufmerksame Lektorat,

Phyllis Barnard und Ghislain Viau für das Buchdesign,

Gary Smith, PhD, für seine Verbesserungsvorschläge,

Irene Baltes für die deutsche Perspektive auf amerikanische Ereignisse.

Übersetzung: Benedikt Stamm (www.giraffenpapa.com).

Kommentare, Diskussionsanregungen und Verbesserungsvorschläge senden Sie gerne an:

Quest4a@protonmail.com
Ivanbeggs.com

Bücher von Ivan Beggs

Quest for a Meaningful Life through Christianity, Judaism, Islam, Buddhism, and Hinduism

Fourteen Doubts About Five Religions: An Exploration of Christianity, Judaism, Islam, Buddhism, and Hinduism

The American Mind in the Age of Trump (Englische Ausgabe)

Inhalt

Einleitung	ix
Kapitel 1: Freiheit	1
Kapitel 2: Die Verfassung der Vereinigten Staaten	11
Kapitel 3: Unternehmen	23
Kapitel 4: Der New Deal	33
Kapitel 5: Gott	41
Kapitel 6: Land	63
Kapitel 7: Waffen	73
Kapitel 8: Politische Intrigen	77
Kapitel 9: Amerika am Scheideweg	97
Literaturverzeichnis	111
Bildnachweis	155
Über den Autor	157

Einleitung

In der Geschichte der Vereinigten Staaten von Amerika gibt es zwei mächtige Triebkräfte: die Spannungsfelder Gott gegen Säkularismus und Kapitalismus gegen Sozialismus.

Mit der Gründung der Vereinigten Staaten von Amerika im Jahr 1776 verabschiedete der Kontinentalkongress drei Mottos. Diese waren eine Erklärung an die neue Nation und die Welt:

Aus vielen Eines – E pluribus unum[1]
Eine neue Ordnung der Zeitalter – Novus ordo seclorum[2]
Die Vorsehung begünstigt unsere Unternehmungen – Annuit Coeptis[3]

Dann, im Jahr 1956, während der großen Furcht vor dem atheistischen Kommunismus, machte der Präsident und ehemalige Armeegeneral Dwight David Eisenhower mit Zustimmung des US-Kongresses folgenden Spruch zum offiziellen Motto:

Auf Gott vertrauen wir[4]

---

1 (Wikipedia – E pluribus unum 2020)
2 (Wikipedia – Novus oro seclorum 2020)
3 (Wikipedia – Annuit coeptis 2020)
4 (Wikipedia – In God We Trust 2020)

Diese vier Mottos beinhalten ein grundlegendes Verständnis: Nach den ersten dreien gibt es eine Vorsehung – ein nebulöser Begriff für eine göttliche Kraft –, die eine neue Nation, geschaffen aus vielen Menschen[5], als neue ewige Ordnung segne. Da die USA jedoch den gottlosen Kommunismus bekämpften und das gesamte amerikanische Volk es verstehen sollte, wurde das neue, vierte Motto in einfachem Englisch verfasst. Die konservativen Kirchen unterstützten nachdrücklich die Änderung zu „Auf Gott vertrauen wir" und schoben damit diskret die ersten drei Mottos beiseite, die ohnehin in lateinischer Sprache verfasst und damit den meisten Amerikanern unverständlich waren.

Die andere starke Triebkraft ist die des Kampfes des Kapitalismus gegen den Sozialismus. Vom 16. Jahrhundert bis zu den Anfangsjahren des 20. Jahrhunderts waren die USA sehr unabhängig, unternehmerisch und kapitalistisch. Mit zunehmender Komplexität und wechselseitiger Abhängigkeit der Gesellschaft wuchs auch die Sorge um das Wohlergehen der gesamten Nation. Dem Volk wurde bewusst, dass die primäre Absicht hinter der Verfassung, wie in ihrer Präambel genannt, die „Sorge für das allgemeine Wohl" ist. Dementsprechend rief Präsident Franklin D. Roosevelt während der Großen Depression den New Deal ins Leben. Von vielen wurde der New Deal allerdings als Sozialismus angesehen, der die Vereinigten Staaten dem kommunistischen Russland gleichmachen und damit ihre wirtschaftliche Kernstärke schwächen würde.

Vor diesem Hintergrund erklärt dieses Buch in neun Kapiteln zwei starke Spannungsfelder im amerikanischen Geist und Herzen.

---

5 Manche sind der Ansicht, dass „e pluribus" (aus vielen) wirklich „aus 13 Kolonien" bedeuten sollte und kein subtiler Hinweis sei auf „viele verschiedene Menschen", wie heute allgemein angenommen. Interessant, zu welch unterschiedlichen Interpretationen Menschen kommen!

Gott gegen Säkularismus und
Kapitalismus gegen kapitalistischen Sozialismus
im Zeitalter von Trump

Kapitel 1: Freiheit

Kapitel 2: Die Verfassung der Vereinigten Staaten

Kapitel 3: Unternehmen

Kapitel 4: Der New Deal

Kapitel 5: Gott

Kapitel 6: Land

Kapitel 7: Waffen

Kapitel 8: Politische Intrigen

Kapitel 9: Amerika am Scheideweg

KAPITEL 1

Freiheit

Verschiedene Bevölkerungsgruppen auf der Suche nach Freiheit und Wohlstand

Vor ungefähr 10.000 bis 20.000 Jahren begannen die amerikanischen Ureinwohner mit der Besiedlung der Kontinentalgebiets der heutigen Vereinigten Staaten. Schätzungen zur Bevölkerungszahl zur Zeit Kolumbus' im Jahr 1492 variieren stark, von 3 über 18 bis hin zu 112 Millionen. Im Jahr 1890 war die Zahl amerikanischer Ureinwohner aufgrund von Krankheit und Völkermord auf 250.000 Menschen gesunken. Aktuell liegt sie bei rund 3 Millionen.[6]

Vor der Entdeckung der Neuen Welt im Jahr 1492 durch Kolumbus und bis zu Beginn des 16. Jahrhunderts waren die amerikanischen Kontinente frei von europäischen Einflüssen. Dann eroberten Spanier, Portugiesen, Briten, Holländer und Franzosen auf der Suche nach Reichtum, Land und Macht, zusammen mit katholischen und protestantischen Geistlichen, auf brutale Weise die neuen Länder in Nord-, Mittel- und Südamerika.

---

6 (Wikipedia – Native Americans in the United States 2020)

Zu Beginn des 18. Jahrhunderts bestand die Bevölkerung der heutigen US-amerikanischen Ostküste zu 80% aus Engländern und zu 20% aus Sklaven. Die meisten Sklaven gab es in den südlichen Gebieten.

Zur Zeit der amerikanischen Revolution stellten die Engländer 50%, Sklaven 20%, Ulster-Schotten 8%, Deutsche 7%, Schotten 7% und Niederländer 3% der Bevölkerung.

Dann kamen Millionen von Menschen auf der Suche nach Freiheit von ihren europäischen Beherrschern, die sich neue Möglichkeiten und die Chance auf Land und etwas Wohlstand erhofften. Wer sich die Überfahrt nicht leisten konnte, willigte ein, für jemanden zu arbeiten, der für sie bezahlte, oftmals für sieben Jahre als Dienstverpflichteter. Andere Europäer kamen als Mitglieder der Kolonialarmeen und blieben, als die Armeen nach Hause fuhren.

Rund 400.000 Sklaven kamen in die Vereinigten Staaten und 7.300.000 in die Karibik, nach Mittel- und Südamerika. Etwa 10–15% starben auf der grausamen Überfahrt.[7]

Im Jahr 2017 waren mehr als 45 Millionen der in den Vereinigten Staaten lebenden Menschen in einem anderen Land geboren worden, was etwa einem Fünftel der weltweiten Migranten in diesem Jahr entspricht. Sie stammen aus nahezu allen Ländern der Welt. 35 Millionen waren legal im Land und 11 Millionen hatten keine Papiere.[8] Demografen prognostizieren, dass die im Ausland geborene Bevölkerung der USA im Jahr 2065 rund 78 Millionen betragen werde.

---

7 (Buchholz 2019)
8 (Pew Research Center – Jynnah Radford 2019)

60% der US-Amerikaner betrachten Einwanderung als Stärke und 30% als Bürde.⁹ Diejenigen, die Immigranten als Belastung betrachten, verursachen den meisten politischen Lärm.

Die Volkszählung von 2010 zeigt, woher wie viele der derzeitigen Einwanderer kamen:

16.000.000	Lateinamerika
3.000.000	Nordeuropa
3.000.000	Westeuropa
3.000.000	Südeuropa
3.000.000	Osteuropa (800.000 aus Russland)
8.000.000	Asien
900.000	Afrika
800.000	Kanada
37.600.000	Anzahl Einwanderer insgesamt[10]

---

9 (Pew Research Center – Jynnah Radford 2019)
10 Die Gesamtzahlen in den Absätzen variieren geringfügig je nach Quelle. Es sollte jedenfalls deutlich werden, dass die USA eine ethnisch vielfältige Bevölkerung haben.

Hier ist eine Tabelle, aus der hervorgeht, woher die Amerikaner das Erbe und die Größe dieses Landes beanspruchten:

Behaupteter Ursprung	Anzahl in den USA	Einwohnerzahl d. beh. Ursprungsgebiete
Hispanic	52.500.000[11]	600.000.000[12]
Englisch	49.600.000[13]	67.000.000[14]
Deutsch	49.800.000[15]	84.000.000[16]
Afrikaner	44.000.000[17]	1.300.000.000[18]
Ulster-Schotten	33.000.000[19]	7.000.000[20]
Italienisch	16.000.000[21]	60.000.000[22]
Ureinwohner	3.000.000[23]	18.000.000 bis 112.000.000[24]

Beachten Sie, dass die afroamerikanische Bevölkerung von 400.000 zur Zeit der Sklaverei[25] auf 44.000.000 im Jahr 2019 angewachsen ist.[26]

---

11 (US Census Bureau – Quick Facts n.d.) Eine geschätzte US-Gesamtbevölkerung von 328 Millionen mit 16% Hispanics bedeutet 52,5 Millionen Hispanics.
12 (World Population Review – Central America and South America 2020)
13 (Wikipedia – English Americans 2020)
14 (Worldometer 2020)
15 (Wikipedia – German American 2020)
16 (Macrotrends 2020)
17 (US Census Bureau – Quick Facts n.d.) Eine geschätzte US-Gesamtbevölkerung von 328 Millionen mit 14,4% Schwarzen bedeutet 44,4 Millionen Afroamerikaner.
18 (World Populatioin Review – Africa 2020)
19 (Wikipedia – English Americans 2020)
20 (Wikipedia – Irish Americans 2020)
21 (OSIA – Italian Americans in the US 2004)
22 (Worldometer – Population of Italy 2020)
23 (Wikipedia – Native Americans in the United States 2020)
24 Geschätzte Zahlen amerikanischer Ureinwohner vor der Besiedlung durch Weiße. Die Zahlen variieren nach verschiedenen Quellen stark. Genaue Angaben sind schwer zu treffen. In jedem Fall lagen sie deutlich höher als heute.
25 (Buchholz 2019)
26 (US Census Bureau – Quick Facts n.d.) Eine geschätzte US-Gesamtbevölkerung von 328 Millionen mit 14,4% Schwarzen bedeutet 44,4 Millionen Afroamerikaner.

Mit einer Bevölkerung von ungefähr 328.000.000 sind die USA zu etwa 72% weiß, zu 16% hispanisch, zu 13% afroamerikanisch, zu 5% asiatisch und zu 1% indianisch.[27]

Infolgedessen bildet die US-Bevölkerung eines der ethnisch vielfältigsten Länder der Welt. Diese Vielfalt ist sowohl eine Stärke als auch ein Problem, das Politiker und verschiedene Gruppierungen seit der Gründung der USA zum persönlichen Vorteil ausgeschlachtet haben, während andere eine stärkere Einheit formieren wollten.

Manifest Destiny – „Dieses Land ist unser Land"

Im frühen 19. Jahrhundert war **„Manifest Destiny"** die weit verbreitete kulturelle Überzeugung, dass die nordamerikanischen Siedler vom Schicksal oder einem göttlichen Willen dazu ausersehen waren, sich über den ganzen Kontinent auszubreiten. Viele waren voller Begeisterung angesichts der Möglichkeit, nach Westen vorzudringen, Land zu erwerben und ihr eigenes Glück zu erschaffen. Das Gefühl lag in der Luft.

Manifest Destiny beinhaltet drei grundlegende Motive:[28]

- die besonderen Tugenden des amerikanischen Volkes und seiner Institutionen,
- die Mission der Vereinigten Staaten, den Westen nach dem Vorbild eines landwirtschaftlich geprägten Amerikas in Besitz zu nehmen und neu zu gestalten und
- ein unentrinnbares Schicksal zur Erfüllung dieser wesentlichen Pflicht.

---

27 (Wikipedia – Racial and ethnic categories 2020)
28 (Wikipedia – Manifest Destiny 2020)

So war es die amerikanische Berufung im 18. und 19. Jahrhundert, eine Nation vom Atlantik bis zum Pazifik zu errichten. In einem äußerst populären Song hielt Woody Guthrie dieses Gefühl 1956 fest:[29]

> Dieses Land ist dein Land, und dieses Land ist mein Land
> Von Kalifornien bis nach New York Island
> Vom Redwood Forest bis zu den Golfstrom-Wassern
> Dieses Land wurde für dich und mich gemacht.

Dieses Gefühl der bestimmungsmäßigen Nationsbildung war vorherrschend und so verkündete Präsident James Monroe 1823: „… jede Einmischung auswärtiger Mächte in die amerikanische Politik [ist] eine potentiell feindselige Handlung gegen die Vereinigten Staaten." Ab 1850 bezeichnete man diese Erklärung als Monroe-Doktrin.[30]

Wie in jeder Gesellschaft und insbesondere in den USA herrschte jedoch keine völlige Einigkeit und nicht alle stimmten dem Manifest Destiny und der Monroe-Doktrin zu. Es gab viele, die in schmutzigen Fabriken arbeiteten und in schäbigen Mietskasernen lebten. Zur Kultur gehörte gleichwohl beides. Immer mehr Einwanderer kamen in die USA, um eine Chance zu bekommen – oder zumindest Zuflucht vor den alten unterdrückerischen gesellschaftlichen und rechtlichen Strukturen in Europa zu suchen.

Freiheit gegen Autorität

Die amerikanische Erfahrung schuf einen neuen Menschen. Eine Person, die keinen Herrn hatte und kein Sklave war, frei und unabhängig. Benjamin Franklin und andere würden dem zustimmen, was J. Hector St. John de Crèvecœur 1782 eindeutig darlegte:

---

29 (Guthrie 1956 (renewed), 1958 (renewed), 1970, and 1972)
30 (Wikipedia – Monroe Doctrine 2020)

[Der Amerikaner ist weder] Europäer noch Nachfahre eines Europäers, daher diese seltsame Blutsmischung, die in keinem anderen Land zu finden ist. Ich kann Ihnen eine Familie zeigen, in der der Großvater ein Engländer war und die Ehefrau eine Holländerin, deren Sohn eine Französin geheiratet hat, dessen vier Söhne wiederum vier Frauen aus verschiedenen Nationen haben. *Der* ist ein Amerikaner, der, indem er alle alten Vorurteile und Manieren hinter sich lässt, neue erhält durch die neue Lebensweise, die er angenommen hat, die neue Regierung, der er gehorcht, und die neue Stellung, die er innehat. Er wird ein Amerikaner, indem er im weiten Schoß unserer großen *Alma Mater* aufgenommen wird.

Hier verschmelzen Individuen aller Nationen zu einer neuen Menschenrasse, durch deren Anstrengungen und Nachkommenschaft dereinst große Veränderungen in der Welt stattfinden werden. Amerikaner sind die Pilger des Westens. Sie bringen eine gewaltige Fülle an Kunstfertigkeiten, Wissenschaften, Kraft und Fleiß mit, die ihren Ursprung vor langer Zeit im Osten hatte; sie werden den großen Kreis schließen.

Die Amerikaner waren einst über ganz Europa verstreut; hier sind sie in eines der besten Bevölkerungssysteme eingebunden, die jemals in Erscheinung getreten sind, und das sich später durch die Kraft der verschiedenen klimatischen Bedingungen, unter denen sie leben, unterscheiden wird. Der Amerikaner sollte deshalb dieses Land viel mehr lieben als dasjenige, in dem entweder er oder seine Vorväter geboren wurden.

Der Lohn für seinen Fleiß folgt hier auf dem Fuß mit dem Fortschritt seiner Arbeit; seine Arbeit ist gegründet auf einem natürlichen Prinzip, dem *Eigeninteresse;* kann es einen stärkeren Anreiz wollen? Frauen und Kinder, die früher vergeblich einen Brocken Brot von ihm verlangten, jetzt fett und lustig sind, freuen sich, ihrem Vater bei der Arbeit auf den Feldern zu helfen, von denen reiche Ernten zu erwarten sind, die sie alle nähren und kleiden können, ohne dass ein Teil davon von jemandem eingefordert wird, sei es ein despotischer Prinz, ein reicher Abt oder ein mächtiger Grundherr.

Hier verlangt die Religion ihm nur wenig ab; ein kleines freiwilliges Gehalt für den Pfarrer und Dankbarkeit gegen Gott; kann er diese verweigern?

Der Amerikaner ist ein neuer Mann, der nach neuen Prinzipien handelt; er muss daher neue Vorstellungen hegen und neue Meinungen bilden. Von unfreiwilligem Müßiggang, unterwürfiger Abhängigkeit, Mangel und nutzloser Arbeit ist er zu Plackerei ganz anderer Art übergegangen und wird dafür durch reichliches Auskommen belohnt.

Das ist ein Amerikaner![31]

Es ist dieses Bild, das viele Amerikaner vor Augen haben, wenn sie „Freiheit" proklamieren. Dass sie frei von einem Herrn sind. Frei zu leben, wie sie es wollen, ohne Einmischung von Nachbarn, Stadt, Staat, Land oder auswärtiger Macht. Es ist tief im Wesen vieler Amerikaner verwurzelt.

Man ist frei: entweder frei zu sein und nach Wohlstand zu streben oder faul zu sein, zu hungern und zu sterben.

Es ist das Gefühl des rauen Einzelgängers, wie er in der harten Cowboy-Zigarettenwerbung von Marlboro in Erscheinung tritt. Es

---

31 (Susan C. Imbarrato – Crèvecœur 1782 (Ref 2015))

kommt typischerweise in vielen Filmen vor und unterscheidet sich deutlich von der europäischen Mentalität.

Während dieses Gefühl jedoch heute besonders in ländlichen und weniger in städtischen Gebieten vorherrscht, durchdringt es dennoch die gesamten Vereinigten Staaten. Somit wurde

„Lasst mich in Ruhe und tun, was ich will"

ein ungeschriebener Grundsatz in der Verfassung der USA.

Wenn man die Vereinigten Staaten abseits der großen Metropolen wie New York City, Los Angeles, Chicago, Cleveland usw. bereist, bekommt man ein Gefühl davon, dass die restliche Welt nicht existiere. Dass die Sorgen Europas, Asiens, Afrikas, Mittel- und Südamerikas nicht existieren, es sei denn als Bedrohung für die persönliche und nationale Sicherheit, die Arbeitsplätze und die Rassenreinheit. Dieser fast unmöglich zu beschreibendem Sinn von Freiheit ist Teil der amerikanischen Tradition des „Lasst mich in Ruhe" und „Ich tue, was ich will, wann ich es will." Dies führt leicht zu Isolationismus. Ein populärer Lovesong von 1976, „Let the world go away"[32] („Lass die Welt verschwinden"), passt wohl auf die Vereinigten Staaten: Weltbürgertum ist kein Teil der amerikanischen Kultur.

Diese Geisteshaltung war vielen Einwanderern vom 16. bis zum frühen 19. Jahrhundert gemein, die allein auf kargen Bauernhöfen und in kleinen Dörfern lebten und selbst für ihren Schutz vor Indianern, vor Übergriffen ausländischer Mächte und die Abwehr von Kriminellen verantwortlich waren. Außerdem bauten sie ihre eigene Nahrung an und jagten und töteten lästige Tiere, die das Vieh und die Ernte fraßen. Folglich waren Waffen ein wichtiger und durchweg

---

32 (Wikipedia - T.T Ross - „Let the World Go Away" 2020)

akzeptierter Teil ihrer Kultur. Weil Waffen so weit verbreitet waren, standen viele Amerikaner „Gewehr bei Fuß", um innerhalb kürzester Zeit Milizen zu bilden und gegen größere Bedrohungen zu kämpfen. Daher stammt das bekannte Bild des „Minute Man", eines wahren Patrioten, der allzeit bereit ist für seine eigene Freiheit, die der Familie, des Staates und der USA zu kämpfen. Aus diesem Grund beinhaltet die zweite Verfassungsänderung den Waffenbesitz als Grundrecht – eine Sichtweise, die von vielen Amerikanern zutiefst geteilt wird, wenn auch nicht von allen.[33]

Der Begriff der Freiheit – Redefreiheit, Pressefreiheit, Versammlungsfreiheit, Freiheit von Tyrannei, Freiheit zum Waffenbesitz – durchzieht daher die gesamte Struktur der Verfassung der Vereinigten Staaten.

---

33 Diese Besonderheit der amerikanischen Mentalität ist für viele Nicht-Amerikaner eine schwer zu verstehende Tatsache.

KAPITEL 2

Die Verfassung der Vereinigten Staaten

Unabhängigkeitserklärung 1776

Jeder Amerikaner kennt zwei Daten: den 4. Juli 1776 und den 7. Dezember 1941. Diese sind ins Gedächtnis jedes Schülers, Erwachsenen und Einwanderers eingebrannt. Wer diese zwei Daten nicht kennt, ist kein Amerikaner. Zu beiden Ereignissen gibt es Fakten und Mythen, in Buchform und als Film.

Im Wesentlichen besagt die Unabhängigkeitserklärung, dass der König von England seine amerikanischen Kolonien mit Füßen getreten habe und die Kolonien daher berechtigt seien, ihre Unabhängigkeit von der Krone und von England zu erklären.

Entstehung der Verfassung 1789

Vor der US-Verfassung waren „The Articles of Confederation" (Konföderationsartikel) das Rückgrat des Rechtssystems. Alle Staaten[34]

---

34 Gemeint sind die einzelnen späteren US-amerikanischen Bundesstaaten wie North Carolina, Massachusetts etc., die über eigene Befugnisse verfügen – was regelmäßig zu Spannungen zwischen ihnen und der Bundesregierung führt.

sollten „einen festen Bund der Freundschaft miteinander eingehen zur gemeinsamen Verteidigung, zur Sicherheit ihrer Freiheitsrechte und zum gegenseitigen allgemeinen Wohlergehen."[35]

Nach den Erfahrungen mit der britischen Krone hegten die Staaten eine tiefsitzende Angst vor einer zentralisierten Regierung. In der Folge konnte die Bundesregierung zwar Geld drucken; das Geld war ohne Besteuerungsbefugnis jedoch wertlos – jeder Staat druckte sein eigenes Geld. Die Bundesregierung konnte nur mit Zustimmung der Staaten den Krieg erklären. Jeder Staat hatte eine Stimme, aber die großen Staaten stießen sich daran, dass kleine Staaten damit über die Macht verfügten, die Wünsche von Staaten mit größerer Einwohnerzahl zu beschränken. Einzelne Staaten regelten die Gesetze und den Umgang mit der Sklaverei als „die besondere Einrichtung" des Südens.[36] Der zwischenstaatliche Handel war von Konflikten um Steuern, den Wert der Währung und Mengenbeschränkungen bei ein- und ausgeführten Waren belastet. Alle Befugnisse, die nicht ausdrücklich an den Kongress übertragen worden waren, lagen bei den Staaten. Es gab weder einen Präsidenten der Vereinigten Staaten noch einen Obersten Gerichtshof. Die Staaten mussten Meinungsverschiedenheiten daher selbständig untereinander klären. Zuweilen drohte Bürgerkrieg.[37]

Unter dem Eindruck dieser Probleme begann die Philadelphia-Konvention im Mai 1787 mit der Überarbeitung der Konföderationsartikel. Diese Überarbeitung ist heute bekannt als die Verfassung der Vereinigten Staaten. Sie versuchte zentrale und dezentrale Machtbefugnisse und die Rechte kleiner gegen die Rechte großer Staaten ins Gleichgewicht zu bringen, Konflikte zwischen den Staaten und zwischen Bürgern,

---

35 (Blitz 2013)
36 (U.S. History – The Peculiar Institution 2019)
37 (Blitz 2013)

die Frage der Sklaverei, den zwischenstaatlichen Handel, die Gesamtführung der Vereinigten Staaten, die Aushebung einer Armee zur gegenseitigen Verteidigung und Steuerbefugnisse zu klären sowie ein Checks-and-Balance-System zwischen den kleinen und großen Staaten, der Exekutive und dem Obersten Gerichtshof einzurichten. Die neue Verfassung wurde offiziell am 4. März 1789 in Kraft gesetzt. Darüber hinaus verabschiedeten die Staaten am 25. September 1798 zehn Ergänzungen, auch bekannt als „Bill of Rights", und ratifizierten diese am 15. Dezember 1791.[38] Die Schaffung und Verabschiedung derselben Verfassung und derselben Bill of Rights wären im heutigen polarisierten politischen Klima schwer vorstellbar.

Den meisten Amerikanern ist noch nicht bekannt, dass von der Schaffung und Annahme der Unabhängigkeitserklärung bis zur Inkraftsetzung der Verfassung mehr als 13 schwierige Jahre vergehen. Die Probleme, die damals zur Einrichtung der Verfassung geführt haben, durchdringen das politische System der USA bis heute. Die bedeutendsten darunter sind der Föderalismus gegen die Rechte der Einzelstaaten, die Redefreiheit sowie die originalistische Interpretation der Verfassung gegenüber der Auslegung als lebendiges Dokument. Das Recht auf das Tragen von Waffen wird in Kapitel 7 behandelt.

Föderalismus gegen Staatenrechte

Im Innersten der Unabhängigkeitserklärung und der Verfassung der Vereinigten Staaten steht das einfache und doch komplizierte Konzept der Freiheit. Wie üben Individuen, Städte, Bundesstaaten und die Bundesregierung Freiheit aus? Auch heute noch besteht hier eine Spannung. Was sind die Grenzen für jeden Grad an Freiheit? In

---

38 (This Day in History(?) n.d.)

kommunistischen und sozialistischen Ländern verfügt die Zentralregierung über praktisch unbegrenzte Freiheit. Die Nation steht an oberster Stelle und bestimmt, was Einzelne, Städte und Teilgebiete dürfen und was nicht.

Ein wesentlicher Faktor in der Entstehungsgeschichte der USA war jedoch die wilde Grenze. Ab dem 17. Jahrhundert kamen Siedler an die Ostküste der USA und richteten ihre eigenen Verwaltungen ein, die meistens frei von englischer, holländischer, spanischer oder französischer Herrschaft waren. Einzelne machten sich auf eigene Faust in Richtung Westen auf und errichteten ihre eigenen Farmen und in anderen Fällen Gemeinschaften. Größtenteils wurden diese von niemandem regiert, im Wesentlichen waren sie frei von Einmischungen von außen.

Als jedoch immer mehr Einwanderer an der Ostküste ankamen, entstanden und wuchsen Städte und mit ihnen die Notwendigkeit, weltliche Regeln einzuführen. Gleichwohl waren diese Individuen, Gemeinschaften und Städte weitestgehend unabhängig. Diejenigen, die sich mehr Freiheit wünschten, zogen über die Allegheny Mountains, um sich die Freiheit allein oder als kleine Gemeinschaften zu verschaffen. Dort gerieten sie in Konflikt mit den Ureinwohnern und den Franzosen, die das Gebiet von Kanada über das Mississippital hinunter bis New Orleans für sich beanspruchten. Am Ende siegten die Briten in den Franzosen- und Indianerkriegen und erklärten das Gebiet als britisch.

Unter anderem für die Finanzierung des Krieges erlegte die britische Krone den amerikanischen Kolonien Steuern auf und quartierte britische Soldaten in amerikanische Privathäuser ein. Manche Amerikaner akzeptierten die britischen Aktionen, andere lehnten sie ab. Spruchbänder und Flaggen mit der Forderung nach Freiheit von der Krone von England tauchten auf, von denen der berühmteste Spruch lautet: „Don't Tread on Me" („Tritt nicht auf mich"). Im Grunde wollten viele

Kolonisten nur ihr Leben leben, ohne Einmischung einer Regierung, insbesondere einer gleichgültigen Regierung, die einen Ozean entfernt war und Amerikaner als Bürger zweiter Klasse betrachtete, die der Krone Tribut zu zollen hatten.

Diese Sehnsucht nach Freiheit von einer höheren Regierung und die gleichzeitige Notwendigkeit einer Regierung zur Organisation des individuellen Zusammenlebens war und ist bis heute ein grundsätzliches Spannungsfeld. Dieses wird in der Verfassung der Vereinigten Staaten ausgedrückt: „Diejenigen Befugnisse, die durch die Verfassung weder an die Vereinigten Staaten übertragen noch durch sie den Bundesstaaten vorenthalten werden, sind den Bundesstaaten bzw. dem Volk vorbehalten."[39] Vereinfacht ausgesagt geht es um den Föderalstaat gegen die Staatenrechte.

Besagte Spannung trat am stärksten mit dem amerikanischen Bürgerkrieg und danach bis in die 1960er Jahre auf und ist bis heute als „Staatenrechte" bekannt. Es galt als Grundregel, dass jeder Bundesstaat das Recht hat, zu entscheiden, ob Sklaverei erlaubt ist, wie Minderheiten zu behandeln sind, wer Wahlrecht hat und wer nicht, welche Umweltschutzgesetze es gibt und ob überhaupt, ob an Schulen Kreationismus oder Darwinismus gelehrt wird, welche Steuern erhoben werden, welche Rechte Frauen und Minderheiten zugestanden werden etc. Ein Mr. Gist hatte diesbezüglich so starke Gefühle, dass er einen seiner Söhne „States Rights Gist" nannte.[40]

Die Staatenrechte sind ein so wichtiges Thema, dass während des Präsidentschaftswahlkampfs 2016 dreizehn republikanische Kandidaten

---

[39] Verabschiedet vom Kongress am 25. September 1789, ratifiziert am 15. Dezember 1791 als zehnter Verfassungszusatz.
[40] (Richard W. Hatcher III – South Carolina Encyclopedia – „States Rights Gist" 2016)

verschiedene Stellungnahmen abgaben, dass sie die überbordende, aufgeblähte Bundesregierung verschlanken würden, indem sie die Umweltschutzbehörde, das Bildungsministerium, das Handelsministerium, das Innenministerium, das Ministerium für Wohnbau und Stadtentwicklung, das Verkehrsministerium, das Landwirtschaftsministerium, das Arbeitsministerium, das Ministerium für innere Sicherheit, den Rat der Wirtschaftsberater und die Behörde für kleine Unternehmen abschaffen würden[41], ebenso wie das Amt für Personalmanagement (OPM).

Die Aktionen werden in verschiedenen Formen fortgesetzt und waren auch vor dem Wahlkampf 2016 keine neuartige Erscheinung. Beispielsweise werden Behörden aus Washington, D.C. in andere Landesteile verlegt, angeblich um näher an den Menschen zu sein.[42] Ohne die Zustimmung durch den Kongress werden so die Teile der Belegschaft abgebaut, die nicht umziehen wollen, wodurch die Wirksamkeit und das Fachwissen der Behörde reduziert werden. Eine andere Vorgehensweise besteht darin, dass der Kongress für jedes verabschiedete Gesetz oder Vorschrift zwei bis zehn andere Gesetze oder Vorschriften abschaffen muss.[43] Ein weiterer Weg ist, dass der Chef des Ministeriums oder der Präsident die Ausgabe der vom Kongress bereits bewilligten Mittel nicht genehmigt.[44] Unter all diesem und weiterem politischem

---

41 (Jason Plautz – How to Eliminate Almost Every Federal Agency 2014)
42 (Jason Plautz – How to Eliminate Almost Every Federal Agency 2014) Die Republikanische Partei setzt sich schon seit Jahren dafür ein, die Bundesregierung zu verschlanken. Ein Beispiel findet sich in der zitierten Quelle von 2014. Mit dem Präsidentschaftswahlkampf von 2016 verselbstständigte sich die Forderung nach Verkleinerung der Regierung; während der Debatten überboten sich die Kandidaten gegenseitig in ihren Ankündigungen, was sie reduzieren würden.
43 (Nolan D. McCaskill and Matthew Nussbaum – Trump signs executive order requiring that for every one new regulation, two must be revoked 2017)
44 (Ted Johnson – Donald Trump Again Wants To Eliminate Funding For Public Media, But Congress Likely Won't Let Him 2020)

Lärm wird von Bund und Ländern heimlich die Abschaffung der Erbschaftssteuern betrieben.[45]

Die Grundannahme dahinter ist, dass die Bundesstaaten besser wüssten, wie die Mittel zu verwalten sind, als die Bundesregierung, und daher die Staaten über die Verwendung des Geldes entscheiden sollten. Dies könne über pauschale Zuschüsse geschehen, welche die Bundesregierung den Bundesstaaten gewährt, die diese nach eigenem Ermessen verwenden sollten. Oder wie ein bekannter Kommentator es knapp und scherzhaft ausdrückte: „Macht die Bundesregierung so klein, dass man sie die Toilette hinunterspülen kann."[46]

Redefreiheit

Ein Kern der amerikanischen Psyche ist es, frei zu sagen, was man sagen will. Dass man ohne Einmischung der Regierung seine Meinung äußern kann. So heißt es im 1. Zusatz zur Verfassung:

> Der Kongress soll kein Gesetz erlassen, das eine Einrichtung einer Religion zum Gegenstand hat oder deren freie Ausübung beschränkt, oder eines, das Rede- und Pressefreiheit oder das Recht des Volkes, sich friedlich zu versammeln und an die Regierung eine Petition zur Abstellung von Missständen zu richten, einschränkt.[47]

Auf den ersten Blick handelt es sich um eine einfache und direkte Aussage zur freien Meinungsäußerung. Wie bei allem steckt der Teufel im Detail …

---

45 (Naomi Jagoda – Senate Republicans reintroduce bill to repeal the estate tax 2019)
46 (Wikiquote – Grover Norquist 2019)
47 Erster Zusatz zur US-Verfassung

Ein zentrales Thema ist heute, wie viel Religionsfreiheit erlaubt ist. Einige Leute sind der Ansicht, dass jeder einen „tief empfundenen religiösen Glauben" haben kann, der ihn von der Erledigung bestimmter Pflichten entbindet. Hier sind einige Beispiele.

Keinen Militärdienst leisten, weil die eigene Religion sich gegen Gewalt und Krieg ausspricht. Man müsse jedoch Steuern zahlen, um den Militärapparat und die Kriegsführung zu unterstützen.

Aus religiösen Gründen keine Abtreibung durchführen und keine Art von Empfängnisverhütungsmitteln anrühren.

Einem Bäcker erlauben, ein schwules Paar nicht zu bedienen, weil seine Religion Homosexualität als Sünde betrachtet; oder einer Person erlauben, Homosexuellen die die Anmietung einer Wohnung oder andere Dienstleistungen zu verweigern.

Pornografisches Material als illegal erklären oder einem Sachbearbeiter erlauben, aus religiösen Gründen nicht mit anstößigem Material umzugehen.

Fordern, dass an Schulen Kreationismus anstelle der Evolutionslehre unterrichtet wird, oder zumindest, dass beide parallel als gültig gelehrt werden.

Zu Beginn öffentlicher Veranstaltungen wie Sportereignissen, Schulratssitzungen, Versammlungen von Stadt, Landkreis, Bundesstaat und Bundesregierung Gebete abhalten, wobei alle Anwesenden zumindest still und respektvoll sein müssen.

Eine Seite befürwortet eine uneingeschränkte Religionsfreiheit in öffentlichen Bereichen. Für sie bedeutet die Trennung von Kirche und Staat, dass der Staat nicht vorschreiben kann, was Kirchen und ihre

Mitglieder nicht tun dürfen. Dass diese die religiöse Freiheit haben, in Übereinstimmung mit ihren Überzeugungen zu handeln, und auch, dass diese Religionen das Recht haben, ihre Überzeugungen und Gesetze zum Gesetz des Landes werden zu lassen.

Die andere Seite kämpft auf verlorenem Posten für die Trennung von Kirche und Staat, was bedeutet, dass die Religion die Freiheit der Bürger nicht beeinträchtigen kann. Dass es keine religiöse Bezeugung für ein Amt gibt. Dass Religion Privatangelegenheit ist.

Redefreiheit bedeutet, dass eine Person sagen kann, was sie will, wann sie will, wo sie will. Die Gerichte haben jedoch entschieden, dass dieser Freiheit Grenzen gesetzt sind. Man darf keinen Aufruhr erzeugen, indem man beispielsweise ohne Anlass im Kino „Feuer!" schreit. Hassreden sind verboten. Allerdings werden Aussprüche gegen andere vielleicht nicht als Hassrede beurteilt, wenn es sich um eine tiefgreifende religiöse Rede handelt. Falsche Aussagen gegen Menschen sind nur zulässig, wenn diese Personen des öffentlichen Lebens sind.

Einerseits gewährt die Verfassung tatsächlich Rede- und Pressefreiheit auch für Extremisten und Verschwörungstheoretiker. Aber wie weit? Ab welchem Punkt werden diese Ansichten eingeschränkt? Haben die Menschen das Recht, sich nicht in ihren Häusern unter Quarantäne zu stellen, auch wenn die Regierung dies für die allgemeine öffentliche Gesundheit fordert? Schließlich hat man das Recht, sich zu versammeln, zu protestieren und seine Ansichten zu äußern. Dazu gehört auch die Teilnahme an religiösen Veranstaltungen während eines Lockdowns. Wirklich?

Ab welchem Punkt wird die US-Regierung die völlige freie Meinungsäußerung im Internet einschränken, um die Öffentlichkeit vor dem zu schützen, was sie oder irgendjemand als hasserfüllt, falsch oder als

Gewaltaufruf erachtet? Dies sind Fragen, mit denen sich der Kongress und die Gerichte noch nicht abschließend befasst haben.

Originalistisch oder lebendiges Dokument?

Es gibt zwei Ansätze zur Interpretation der US-Verfassung: den originalistischen und den der Verfassung als lebendiges Dokument.

Die originalistische Auslegung der US-Verfassung bedeutet sie so zu interpretieren, wie es die Unterzeichner meinten. Der Originalist ist der Ansicht: „Das Dokument sagt genau, was das Dokument sagt, und nicht, was ein moderner Mensch möchte, dass es sagt."

An dieser Stelle sei darauf hingewiesen, dass es für das weitere Verständnis dieses Buches wichtig ist, den originalistischen Ansatz zu verstehen, auch wenn er Nicht-Amerikanern in der Regel fremd sein dürfte.

Aus Sicht des Originalismus muss jemand, wenn er eine andere Interpretation der Verfassung wünscht, den Prozess der Verfassungsänderung durchlaufen, der mit Absicht mühsam angelegt ist. Die Autoren der Verfassung wollten nicht, dass eine Änderung leicht durchzuführen ist. Es musste schwerwiegende Gründe geben, aus denen die amerikanische Gesellschaft einer Änderung zustimmen sollte.

Um eine Änderung vorzunehmen, muss man also den US-Kongress von ihrer Notwendigkeit und ihrer weitgehenden Unterstützung seitens der Bevölkerung überzeugen. Dann kann der Kongress den Bundesstaaten einen Verfassungsänderungsvorschlag vorlegen, wenn die vorgeschlagene Änderung des Wortlauts mit zwei Dritteln der Stimmen beider Kammern gebilligt wird. Oder der Kongress muss eine Konvention einberufen, wenn eine Änderung von zwei Dritteln der Staaten (d. h. 34 von 50) vorgeschlagen wird.

Beispielsweise wurde 1972 eine Änderung eingebracht, um gleiche Rechte für Frauen in der amerikanischen Verfassung zu verankern. Ihr Wortlaut ist einfach: „Die Gleichberechtigung nach dem Gesetz darf weder von den Vereinigten Staaten noch von einem Bundesstaat aufgrund des Geschlechts geleugnet oder beschnitten werden." Dadurch sollen „… gleiche Rechtsansprüche allen amerikanischen Bürgern unabhängig vom Geschlecht garantiert werden. Es sollen die rechtlichen Unterscheidungen zwischen Männern und Frauen hinsichtlich Scheidung, Eigentum, Anstellung und anderen Angelegenheiten abgeschafft werden." Fast fünfzig Jahre später ist diese Verfassungsänderung immer noch nicht gesetzlich ratifiziert.

Auf der anderen Seite berücksichtigt die Interpretation als lebendiges Dokument– im Gegensatz zur originalistischen –, dass die Verfasser und Unterzeichner eine andere Weltanschauung hatten als die heute vorherrschende. Die US-Verfassung wird mit diesem Ansatz daher für das heutige Verständnis und die heutigen Themen interpretiert. Beispielsweise argumentieren Gegner des ERA (Gleichberechtigungsänderung – engl. Equal Rights Amendment, Anm. d. Übers.), dass es bereits zahlreiche Gesetze gebe, welche, wenn sie als lebendige Dokumente gelesen werden, die Rechte von Frauen garantieren, und daher keine Notwendigkeit für das ERA bestehe. Eben diese Gesetze werden jedoch auch von Originalisten gegen das ERA angeführt.

Obwohl in der Verfassung nicht ausdrücklich erwähnt, werden Unternehmen im politischen Leben Amerikas immer mächtiger.

KAPITEL 3

Unternehmen

Entstehung einer breiten Mittelschicht

Im späten 19. und durch das 20. Jahrhundert hindurch schufen die Vereinigten Staaten für Millionen von Amerikanern und Menschen in anderen Ländern einen Wohlstand, der historisch unvorstellbar war. Amerikanischer Erfindungsgeist gekoppelt mit Unternehmertum produzierte massenweise landwirtschaftliche Geräte, Kühlschränke, Autos, Kameras, Glühbirnen, Stromerzeugungssysteme und -verteilernetze, Schiffe, Kriegsgerät und medizinische Gerätschaften, brachte aber auch Bildungssysteme, Gesundheitssysteme, Versicherungen, Zeitschriften, Zeitungen, Radio, Fernsehen, Satelliten, Handys, Computer, Papier, Stifte usw. hervor. Eine so gewaltige Erzeugung von Wohlstand für den Durchschnittsbürger in so kurzer Zeit ist historisch beispiellos.

Diese Leistungen und Errungenschaften schufen eine prosperierende Mittelschicht. Mit dem richtigen Job konnte ein Mann zur Arbeit gehen und eine Familie großziehen, während die Frau zu Hause blieb. Nach dreißig oder vierzig Jahren konnten er und seine Frau mit einer Rente, Sozialversicherung und Medicare (Krankenversicherung für ältere und behinderte Bürger, Anm. d. Übers.) relativ bequem in den Ruhestand gehen. Zwar müssen heute für einen passablen Lebensunterhalt beide Partner arbeiten und sind häufig nur einen Monatslohn von der amerikanischen Version von Armut entfernt – dennoch leben die Amerikaner, neben vielen anderen Menschen auf der Welt, im Allgemeinen besser als jede andere Generation in der Menschheitsgeschichte.

Aktuell finden jedoch massive Umwälzungen statt, die in den folgenden Abschnitten erläutert werden: Arbeitsbedingungen und Gewerkschaften, Unternehmensrechte und Unternehmen als Einzelpersonen, Politische Aktionskomitees (PACs), Steuersenkungen sowie Aktionärsrechte und Unternehmensführung.

Arbeitsbedingungen und Gewerkschaften

Während der massive Zugewinn an Wohlstand innerhalb von kaum einhundertfünfzig Jahren stattfand, mühten sich dennoch große Gruppen von Menschen nach wie vor sechs Tage die Woche, zehn, zwölf und mehr Stunden pro Tag unter ungesunden und unsicheren Arbeitsbedingungen ab, wurden leidlich bezahlt und hausten in miserablen Mietskasernen. Schon früh hatten Unternehmen den Lohn eines Mannes auf fünfzig Prozent des existenzsichernden Bedarfs kalkuliert; für die Frau betrug der Lohn fünfundzwanzig und für jedes Kind zwölf Prozent eines existenzsichernden Einkommens. Wenn also die ganze Familie arbeitete, konnte sie leben, wenn auch nicht gedeihen.

Um diese Bedingungen zu verbessern, kämpften die organisierten Gewerkschaften für bessere Löhne, angemessene Arbeitszeiten und sicherere Arbeitsbedingungen. Sie setzten sich für die Abschaffung von Kinderarbeit ein, für Gesundheitsleistungen, für Invaliditäts- und Rentenleistungen.[48]

---

48 (History - Labor Movement 2020)

Ihr Wirken, zusammen mit der Produktivität der Unternehmen, verbesserte das Leben von Millionen Menschen dramatisch. Diese Schaffung von Wohlstand ist auch auf individuellen Einfallsreichtum, soziale Belange und insbesondere auf den kapitalistischen Unternehmergeist von Banken und Produktionsunternehmen zurückzuführen.

Nach dem Erreichen dieser Erfolge neigten die Gewerkschaften jedoch ab den 1950er Jahren dazu, sich in Korruption und sinnlosen Streiks zu verirren, welche die internationale Wettbewerbsfähigkeit der USA beeinträchtigten. Infolge hartnäckiger Bemühungen von Unternehmen und politischer Opposition, Verlagerung der Produktion ins Ausland und von den gewerkschaftsfreundlichen Nordstaaten in die nicht gewerkschaftlichen Staaten, massivem Zustrom ausländischer Waren und Ronald Reagans gewerkschaftsfeindlicher Haltung sowie Korruption und inkompetenter Arbeiterführung, ging die Mitgliedschaftsquote der Gewerkschaften von etwa fünfzig Prozent auf weniger als siebzehn Prozent zurück. Auch weiterhin sind Kräfte im Einsatz, um die Gewerkschaften als wirtschaftliche und politische Kraft zu zerstören.[49] Viele Arbeitnehmer lehnen es heute ab, Gewerkschaftsbeiträge für etwas zu bezahlen, das sie als wenig lohnend ansehen.

In der Folge verschwindet in den letzten fünfzig Jahren der Wohlstand der Mittelschicht zugunsten der Oberschicht und in die Entwicklungsländer. Und, obwohl die Mittelschicht heute über mehr Unterhaltungselektronik, Essen, medizinische Versorgung, Autos, Spielzeug und Komfort verfügt als jede andere Gesellschaft in der menschlichen Zivilisation, fühlen sich weite Teile der Mittelschicht im Stich gelassen.

Bei diesen stoßen die Botschaften der Republikaner auf Resonanz, die ihre Ängste ansprechen und den Demokraten die Schuld geben, welche

---

49 (History - Labor Movement 2020)

„sozialistische Programme schufen, die der Wettbewerbsfähigkeit der Unternehmen und damit den Arbeitern geschadet haben". Mit wachsendem Einfluss restrukturieren die Republikaner die Bundesregierung und die Regierungen der Bundesstaaten, um die Unternehmen von „belastenden Vorschriften und Einmischung" zu befreien. Unterdessen ist es den Demokraten nicht gelungen, eine Botschaft zu vermitteln, die bei ausreichend vielen Wahlberechtigten Anklang fände, um maßgeblich Wahlerfolge zu erzielen. Mehr dazu später.

Unternehmensrechte und Unternehmen als Einzelpersonen

Mitte der 1970er Jahre wurden sich Unternehmen der Macht der Gewerkschaften und der Tatsache bewusster, dass liberale Kräfte Gesetze und Vorschriften formulierten, die die Handlungsfreiheit der Unternehmen beeinträchtigten. Viele Geschäftsleute fanden, dass Unternehmerinteressen bei der Ausarbeitung von Regeln und Vorschriften zu wenig Berücksichtigung fanden, und beschlossen daraufhin „mit am Tisch zu sitzen", um bei der Gesetzgebung der Bundesstaaten und des Bundes mitreden zu können.[50] Also schufen die Unternehmen sich einige subtile, aber machtvolle Möglichkeiten zur politischen Einflussnahme wie den American Legislative Exchange Council (ALEC), etablierten Lobbyisten und bewirkten mehrere für sie günstige Entscheidungen des Obersten Gerichtshofs.

Unternehmen bildeten interne Abteilungen für die Zusammenarbeit mit den Gesetzgebern, um unternehmerfreundlichere Gesetzgebungen zu erreichen und wirtschaftsfreundliche Organisationen zu unterstützen. Eine solche Gruppe, der ALEC, konzentriert sich auf die Ausarbeitung

---

50 Eine übliche Sichtweise, die mir bei mehreren Geschäftsführern begegnet ist.

von Modellgesetzen für die Regierungen der fünfzig Bundesstaaten und die Bundesregierung. Seine Arbeit ist: „… den Prinzipien der begrenzten Regierung, der freien Märkte und des Föderalismus gewidmet. ALEC-Mitglieder, die sich aus fast einem Viertel der Parlamentarier der Bundesstaaten und Interessengruppen des Landes aus allen politischen Bereichen zusammensetzen, repräsentieren mehr als 60 Millionen Amerikaner und geben mehr als 30 Millionen Menschen in den USA Arbeit."[51] ALEC setzt sich sowohl aus Unternehmen als auch bundesstaatlichen und föderalen Parlamentariern zusammen.

ALEC schreibt Mustergesetze zu Haushaltsdisziplin, Föderalismus und internationalen Beziehungen, Gesundheitswesen, innere Sicherheit, Redefreiheit, Innovation und Technologie, ausgeglichenem Staatshaushalt, Ziviljustiz, Handelsaktivitäten, Strafjustiz, Bildung und Personalentwicklung, Energie-Umwelt-Landwirtschaft, Steuer- und Fiskalpolitik sowie gegebenenfalls anderen Bereichen.[52] Die Bandbreite der Aktivitäten ist groß, die Organisation zielt auf die Bundesregierung, aber auch auf die Regierungen der Bundesstaaten und Landkreise. Die gut durchdachte Modellgesetzgebung spart den verschiedenen Regierungsstellen Zeit, Geld und Mühe und schafft darüber hinaus ein stark unternehmerfreundliches Umfeld.

Weiter erließ der Oberste Gerichtshof der USA mehrere Urteile, in denen er feststellte, dass Unternehmen Personen seien. Sie haben daher das politische Recht auf freie Meinungsäußerung in der Politik und können Entscheidungen treffen, die auf tiefen religiösen Überzeugungen beruhen und die nicht in Einklang mit Bundes-, Bundesstaats oder regionalen Gesetzen stehen. Unternehmen können Gesetze unterstützen, mit denen ihre Aktionäre nicht einverstanden sind und die Mittel nicht

---

51 (ALEC – American Legislative Exchange Council n.d.)
52 (ALEC – American Legislative Exchange Council n.d.)

aufbringen können, Millionen andere Aktionäre zum Widerspruch zu bewegen. Die Unternehmen dürfen auch ihnen genehme politische Kandidaten unterstützen.[53]

Mit diesen beiden Kräften im Hintergrund – den Liberalen gegen die Unternehmen – sind politische Lobbyisten und Aktionskomitees die politisch sichtbarste Kraft.

Politische Aktionskomitees (PACs)

Unternehmen, Arbeitnehmervertretungen oder weltanschauliche Gruppen, die Geld sammeln und zum Zweck eines Sieges oder einer Niederlage bestimmter politischer Kandidaten ausgeben, werden vor dem Gesetz als Political Action Committees (PACs) bezeichnet. Es gibt Obergrenzen für die einzelnen Ausgaben.[54]

Im Jahr 2010 schuf der Kongress eine neue Art von PACs. Diese leisten keine direkten Zahlungen an Kandidaten oder Parteien, sondern schalten Anzeigen, versenden E-Mails und unterstützen Radio- und Fernsehprogramme mit Nachrichten, die speziell die Wahl bzw. Niederlage eines bestimmten Kandidaten befürworten. Es gibt keine Einschränkungen bei der Herkunft der Gelder oder Obergrenzen für die Ausgaben.[55] Unternehmen begannen ganz selbstverständlich mit der Finanzierung dieser Super-PACS.

---

53 (Ciara Torres-Spelliscy – „American Bar Association" n.d.)
54 (OpenSecrets – What is a PAC? n.d.) Die meisten PACs vertreten geschäftliche, arbeitsrechtliche oder weltanschauliche Interessen. PACs können einem Kandidatenausschuss pro Wahl (primär, allgemein oder speziell) 5.000 US-Dollar spenden. Sie können auch jährlich bis zu 15.000 US-Dollar an jedes nationale Parteikomitee und 5.000 US-Dollar jährlich an jedes andere PAC spenden. PACs können bis zu 5.000 USD von einer Einzelperson, einem PAC oder einem Parteikomitee pro Kalenderjahr erhalten.
55 (OpenSecrets – What is a PAC? n.d.)

Als Folge der Erklärung des Obersten Gerichtshofs der USA, dass Unternehmen im Sinne der Meinungsfreiheit Personen seien, erhielten Unternehmen das volle Recht, bei Kandidatenwahlen auf Bundes-, Bundesstaats- und lokaler Ebene nach Belieben Geld auszugeben. Die Entscheidung kehrte ein Jahrhundert des Rechtsverständnisses um, setzte eine Flut von Kampagnengeldern frei und löste ein Crescendo von Kontroversen aus, das bis heute anhält.[56]

So können Unternehmen mit oder ohne PAC heute praktisch unbegrenzt Geld für politische Kampagnen ausgeben und die Gesetzgebung beeinflussen. Als Ergebnis verfügen Unternehmen heute über einen größeren Einfluss auf den politischen Prozess als in den vergangenen 250 Jahren. So sehr, dass einige Experten behaupten, die USA werden faschistisch – dass die Unternehmen das Land zum Nutzen der Unternehmen führen.

Konservative Kirchen wiederum beginnen, ihre politischen Freiheitsrechte in Wahlkampagnen und bei der Ausarbeitung von Gesetzen auszuüben. Einige befürchten, dass dies das Land in Richtung einer konservativen christlichen Theokratie bewege. Die vermehrte Zusammenarbeit der konservativen Kirchen mit den Unternehmen verstärkt die Bedenken, dass die USA von Unternehmen für Unternehmen geführt werden.

Unterm Strich haben Unternehmen und andere Gruppen Franklin D. Roosevelts New Deal der 1930er Jahre stillschweigend demontiert.

Steuersenkungen

Nach der „Trickle-Down"-Theorie werde eine Senkung der Steuern auf Unternehmen und Reiche die Wirtschaft ankurbeln und somit die

---

56 (NPR – When Did Companies Become People? 2014)

Vorteile für die Durchschnittsbevölkerung „nach unten durchsickern lassen" („trickle down"). So senken die Republikaner die Steuern so weit wie politisch möglich. Auf der anderen Seite weisen die Demokraten darauf hin, dass die meisten Vorteile den Unternehmen und den obersten fünf Prozent der Bevölkerung zugutekommen, während der Rest des Landes nur sehr wenig davon profitiert. Das heißt, tatsächlich kommt nur ein „Trickle", ein „Rinnsal", bei der Durchschnittsbevölkerung an.

Die Sozialversicherungs- und Medicare-Steuern betragen 6,2% bzw. 1,45%, also insgesamt 7,65% auf die Löhne und Gehälter für die Unternehmen und 7,65% auf das individuelle Einkommen, was in Summe einer Belastung von 15,3% entspricht. Die Unternehmen möchten allgemein von ihrem Anteil an Sozialabgaben befreit werden; die Belastung der Finanzierung der Sozialversicherungssysteme würde damit den einzelnen Arbeitnehmern auferlegt.

Dementsprechend schlugen Unternehmen und Politiker verschiedene Programme vor, wie etwa die Finanzierung von Sozialversicherung & Medicare ähnlich den 401(k)-Plänen, die an der Börse angelegt sind. Dies würde jedoch durch die höhere Nachfrage den Aktienmarkt ankurbeln. Da in den nächsten zwanzig Jahren erhebliche Probleme hinsichtlich der Zahlungsfähigkeit der beiden Sicherungssysteme zu erwarten sind, hat die derzeitige Verwaltung die Abgabenhöhe beibehalten und gleichzeitig die künftigen Auszahlungen gesenkt, was sich in den dem Kongress vorgelegten Budgetplanungen widerspiegelt. In diesem Sinne finden vermehrt Aktienrückkäufe durch Unternehmen statt, was den Aktienkurs und damit die Vergütung der Unternehmensführung erhöht – jedoch auch die erworbenen Anteile der neuen Kleinanleger verringert und entsprechend deren Risiko erhöht. Ein weiterer Profit der Führungsetagen auf Kosten der Angestellten.

Aktionärsrechte und die Unternehmensführung

Da die amerikanische Durchschnittsbevölkerung individuell und über 401(k)-Programme heute mehr Anteile an amerikanischen Unternehmen hält, befindet sich deren Streubesitz verteilt in den Händen von immer mehr Menschen, in einigen Fällen gar von Millionen von Menschen. Dies erschwert die Mitsprachemöglichkeiten der Aktionäre bei Unternehmensentscheidungen und in der Folge sind die Unternehmensführungen, abgesehen vom Wert der Aktie und der Ausschüttung von Dividenden, den Aktionären nicht mehr verpflichtet. Die verschiedenen Führungsgremien sind zu einer Macht im eigenen Dienst geworden, die sich für die Interessen der Vorstandsmitglieder und die Loyalität der Führungskräfte einsetzt. Die Loyalität der schwindenden Zahl an leitenden Angestellten und Führungskräften konzentriert sich immer mehr auf die Unternehmensführung. Loyalität wird zur obersten Priorität.

Diejenigen, die Ambitionen auf Macht, Geld und Status haben, richten ihren Fokus daher auf diejenigen über sich in der Hierarchie, erledigen nebenbei ihre Arbeit gut, und planen und erhoffen dabei im Wesentlichen die nächste Beförderung. Die Sorge um die Menschen, das Unternehmen und das Gemeinwohl ist von geringer Bedeutung. Die Unternehmensführungen verwenden die Gewinne, um die Aktienkurse durch Rückkäufe zu stützen oder nach oben zu treiben, was die langfristige Gesundheit des Unternehmens und die Aktiendividenden schwächt.

Ein voll funktionsfähiges kapitalistisches System dagegen, das nicht von einigen wenigen Unternehmen dominiert wird, würde die Unternehmen dazu zwingen, effizienter mit finanziellen, physischen und personellen Ressourcen umzugehen. Je geringer der Wettbewerb und je stärker die Verflechtung von Unternehmen mit der Politik, umso weniger effizient ist der Prozess und umso rentabler für einige Schlüsselpersonen.

Unternehmen suchen natürlich nach Wegen zur Verbesserung der Rentabilität. Ein solcher Weg wurde 1981 unter Präsident Ronald Reagan mit der Beseitigung des New Deals eingeschlagen.

KAPITEL 4

Der New Deal

Die Weltwirtschaftskrise (1929–1939) war der bisher größte wirtschaftliche Abschwung in den USA und der Welt. Der Tiefpunkt war 1933 erreicht, als die Hälfte der Banken zusammengebrochen, lebenslange Ersparnisse verloren, Hypotheken zwangsvollstreckt und fünfzehn Millionen Menschen (20%) arbeitslos waren. Präsident Herbert Hoover (Republikanische Partei) glaubte, dass weder die Schaffung noch der Erhalt von Arbeitsplätzen Aufgabe der Regierung seien und die Wirtschaft sich von allein erholen würde.

Innerhalb der ersten hundert Tage seiner Amtszeit im Jahr 1933 schuf Hoovers Nachfolger, Präsident Franklin D. Roosevelt (Demokratische Partei), mehrere wichtige Agenturen, die die USA und zukünftige Generationen dramatisch beeinflussten, indem sie ein starkes soziales Sicherheitsnetz aufbauten:[57]

- Federal Deposit Insurance Corporation – staatlicher Einlagensicherungsfonds

---

57 (History – Great Depression History n.d.)

- Security and Exchange Commission – Börsenregulierung zum Schutz von Anlegern und Verhinderung von Missbrauch
- Works Progress Administration – Schaffung von 8,5 Millionen Arbeitsplätzen
- Tennessee Valley Authority – kontrollierte Überschwemmungen und Erzeugung von Strom für das ländliche Amerika
- Social Security Act – Schaffung von Arbeitslosen-, Invaliditäts- und Rentenleistungen
- Fair Labor and Standards Act (1938) – Festsetzung von Mindestlöhnen, Überstundenbezahlung und Kinderarbeitsstandards für Voll- und Teilzeitbeschäftigte sowohl im privaten Sektor als auch in Bund, Bundesstaaten und Kommunalverwaltungen.[58]

Entstehung einer breiten Mittelschicht

Vor dem New Deal zogen ältere Menschen häufig in die kleinen Häuser ihrer Kinder, hatten oft ein Bett im Esszimmer oder im Flur oder teilten sogar mit einem Enkelkind entgegengesetzten Geschlechts ein Zimmer, während sie sich kaum oder gar keine medizinische Versorgung, Zahnpflege oder Augenheilkunde leisten konnten.

Mit dem New Deal lebten ältere Menschen zunehmend auch bei Arbeitslosigkeit, Behinderung und im Ruhestand nicht mehr in Armut. In Verbindung mit den produktiven Unternehmen trugen sie gemeinsam zur Bildung einer breiten Mittelschicht bei. Ältere Menschen aus der Mittelschicht konnten ihren Lebensabend in Seniorenwohnanlagen, betreuten Pflegeeinrichtungen und schließlich in Pflegeheimen verbringen.

Damals und bis heute gibt es starke Kräfte, die nicht der Meinung sind, dass der amerikanische Staat überhaupt ein soziales Sicherheitsnetz

---

58 (US Department of Labor – Handy Reference Guide to the Fair Labor Standards Act 2016)

bereitstellen sollte. Stattdessen befürworten diese eine äußerst beschränkte Regierung und unabhängige freie Märkte. Sie glauben, dass der New Deal Menschen geschaffen habe und weiterhin schaffe, die vom Staat abhängig sind, was Freiheit und Wohlstand verringere. Ohne solche belastenden Institutionen und Vorschriften wie die gerade aufgeführten und viele weitere wären die Vereinigten Staaten reicher, stärker und autarker. Sie schüfen weiter eine Nation der Freiheit, anstatt faule Menschen, die vom Staat, den Produktivkräften und den Jobschaffenden abhängig sind. Seit neunzig Jahren sind diese Kräfte am Werk und setzen ihre Arbeit heute auf vielfältige Weise und noch energischer fort, um die Errungenschaften des New Deal offen und ohne viel Lärm zu demontieren.

Eine Vielzahl von Prognosen besagt beispielsweise, dass die Reserven der Sozialversicherung bis 2033 erschöpft sein[59] und die Gesamteinnahmen bis mindestens 2040 höchstens 100% der Gesamtauszahlung betragen werden. Der Kongress könnte jedoch geringfügige Anpassungen vornehmen, die dem Programm helfen. Darunter sind etwa eine Erhöhung des maximalen Einkommens, das besteuert werden kann, die Legalisierung von mehr Einwanderern, sodass auch sie in die Sozialversicherung einzahlen (obwohl viele bemerken, dass diese dadurch zwar einzahlen, aber dennoch keine Leistungen erhalten würden), die Erhöhung des Renteneintrittsalters und einige weitere Maßnahmen. Die einzige unter diesen Maßnahmen, auf die sich geeinigt werden konnte, war die Alterserhöhung. Das zweite Problem besteht darin, dass der Kongress die in über siebzig Jahren angesparten Rücklagen für Programme verwendet, die der Bundeshaushalt nicht abdeckt. Bis heute herrscht allgemein die Meinung vor, die Bundesregierung schulde die entnommenen Mittel der Sozialversicherung zurück; die Republikaner

---

59 (David Pattison – Social Security Office of Retirment and Disability – Social Security Trust Fund Cash Flows and Reserves 2015)

halten dagegen, dass die Zuflüsse eben heute nicht ausreichen, um den Zahlungsverpflichtungen nachkommen zu können – die Beiträge seien stets eine Steuer gewesen. Und da die Republikaner Steuererhöhungen ausschließen, müssten die Auszahlungen des Sozialversicherungsfonds „angepasst" werden (ein Deckname für die Reduzierung oder sogar Abschaffung der Sozialversicherung).

Es gibt Vorschläge, die Sozialversicherung in Börsenkäufe umzuwandeln und/oder Versicherungsunternehmen die Verwaltung von Sozialversicherungsportfolios zu ermöglichen. Somit hätte die Regierung sich nicht mit Transferzahlungen zu befassen. Stattdessen würden Unternehmen das einziehen, was früher Steuern waren, es als Investitionen bezeichnen, und Versicherungsunternehmen oder Aktiengesellschaften würden dann die Rentenkonten verwalten. Beachten Sie, wie sich der Wortlaut gewandelt hat. Aus „Vorteilen" wurden „Steuern".

Die Republikaner, die gegen die Sozialversicherung sind, sehen darin einen Vorteil, dass weder die Unternehmen noch die Regierung an der Verwaltung der Gelder beteiligt sein sollen. Stattdessen bezeichnen sie die Abgaben als Steuer. Und Steuern sind nur ein Teil der Zuflüsse an die Regierung. Die Regierung hat Defizite, die bezahlt werden müssen – und in der Vergangenheit dachten die Menschen, die Sozialversicherung sei speziell für sie da. Das war und ist nach republikanischer Ansicht ein Missverständnis. Die leise Veränderung der Begrifflichkeit — Sozialversicherungsbeiträge werden zu Steuern –, impliziert, dass die Regierung die Verwendung der Mittel ändern kann. In jedem Fall ist es Realität, dass die Regierung sich seit Jahrzehnten aus dem Treuhandfonds der Sozialversicherung bedient, um „die nicht genutzten Mittel besser zum Vorteil Amerikas einzusetzen".

Ein aktuelles Beispiel sind die wirtschaftlichen Auswirkungen von COV19: Angestellte und Unternehmen zahlen jeweils 7,65% für die

Sozialversicherung und Medicare, also insgesamt 15,3% des Gehaltes bis zu einem maximalen Einkommen von 137.700 USD pro Jahr für den Sozialversicherungsanteil. Unternehmen dürfen die Überweisung von Arbeitnehmer- und Arbeitgeberanteilen der Sozialversicherungssteuer (beachten Sie erneut das Wort Steuer) an die IRS (die Bundessteuerbehörde der USA, Anm. d. Übers.) bis zum 31. Dezember 2020 vertagen und werden auch weiterhin Gelder von Einzelpersonen zurückhalten. So behalten die Unternehmen bis Ende 2020 vorübergehend 15,3% der Löhne und Gehälter ein.[60] Dies ist Wasser auf die Mühlen derjenigen Kräfte, die den Abbau der Sozialversicherung anstreben, weil es einerseits den mit der Krise kämpfenden Unternehmen unmittelbar Geld bereitstellt, während es andererseits der finanziellen Überlebensfähigkeit der Sozialversicherung schadet. Befürworter der Sozialversicherung befürchten, dass es sich hierbei um einen perfiden Plan handelt, das System der sozialen Absicherung weiter zu schwächen, und dass weitere Gesetze verabschiedet werden könnten, mit denen die Unternehmen von der Rückzahlung der an die IRS gestundeten 15,3% vollends befreit werden könnten.

Im Zentrum der Spannungen über die Programme für soziale Sicherheitsnetze in den USA steht der Konflikt zwischen Individualismus und Gemeinschaft, Sozialismus und Kapitalismus und zwischen Minimalregierung und Wohlfahrtsstaat.

Die große Spannung – angemessene Regierungsgröße

Die Idee und das tiefe Gefühl von Freiheit sind allgegenwärtig und untrennbar mit der Kultur Amerikas verbunden. Dennoch gibt es

---

60 (Sarah O'Brien – CNBC – Companies get to defer payroll tax payments 2020)

Spannungen. Eine grundlegende Spannung in der amerikanischen Gesellschaft ist das „Ich gegen Wir". Viele Amerikaner lieben die Freiheit. Sie zeigen stolz Flaggen, Nummernschilder, Aufkleber, Hüte, T-Shirts, Sweatshirts und Plakate im täglichen Leben und in politischen Kampagnen mit Slogans wie:

- Frei leben oder sterben
- Freiheit oder Tod
- Religionsfreiheit
- Rechte des ersten Verfassungszusatzes (Redefreiheit)
- Rechte des zweiten Verfassungszusatzes (Freiheit, Waffen zu tragen)
- Staatenrechte
- Geboren, um frei zu sein
- Stars and Stripes Forever
- Ich glaube an die Verfassung
- Verfassungsrechte!

Radio, Fernsehen, Zeitungen, Zeitschriften, Universitäten, Bildungsanstalten und Politiker verwenden diese Begriffe und Slogans ebenfalls, um zu zeigen, dass sie wahre Patrioten und Freiheitsliebende sind. Und dennoch gibt es Spannungen.

Einige glauben in ihrem Innersten, dass die Freiheit sich in erster Linie auf einen selbst und die USA beziehe. Auf „Ich". Die einzige Verantwortung, die Menschen gegenüber anderen haben, besteht darin, ihnen die Freiheit zu garantieren, solange dies mit ihren eigenen religiösen Überzeugungen übereinstimmt. Sie sind bereit zu kämpfen, sich zu bewaffnen und zu sterben, um diese Freiheiten zu schützen.

Andererseits glauben viele Amerikaner, dass Freiheit bedeutet, dass Menschen Individuen seien und gleichzeitig Teil einer Gemeinschaft. Dass sie eine Verantwortung für sich selbst und für das allgemeine Wohl der größeren Gemeinschaft haben. Demokraten argumentieren, dass es in der Präambel der US-Verfassung heißt: „... um das Allgemeinwohl zu fördern." Nach ihrer Interpretation war es den Verfassern ein zentrales Anliegen, klarzustellen, dass die Bundesregierung die verfassungsmäßige Pflicht hat, sich zu sorgen um „Themen wie Armut, Wohnen, Ernährung und andere wirtschaftliche und soziale Wohlfahrtsfragen, mit denen die Bürger konfrontiert sind." Die Republikaner argumentieren dagegen, dass die Verfassungsänderungen und anderer Abschnitte die Rolle der Bundesregierung einschränken und dass es Sache der Staaten sei, zu bestimmen, was für ein soziales Sicherheitsnetz, wenn überhaupt, vorhanden sein solle.[61]

In diesem Sinne haben die Republikaner in den letzten neunzig Jahren versucht, das amerikanische soziale Sicherheitsnetz, insbesondere die Sozialversicherung, zunichte, also faktisch den New Deal und spätere Programme rückgängig zu machen. Die staatliche Wohlfahrt ist jedoch als „dritte Schiene der amerikanischen Politik" bekannt – eine Analogie zur elektrischen Eisenbahn: Die Leitung, die den Strom transportiert, wird als „dritte Schiene" bezeichnet. Sie anzutasten ist also eine Garantie für den Tod. Folglich haben es die Politiker vermieden, insbesondere die Sozialversicherung und die anderen Programme nach Art des New Deals direkt zu schwächen. Dennoch haben die Republikaner die Programme in der Vergangenheit stillschweigend geändert, um die Menschen aus dem „schwächenden" Wohlfahrtsstaat zu befreien und amerikanische Unternehmen international wettbewerbsfähiger zu machen. Inzwischen sprechen sie diese Themen bereitwillig auch etwas unverhohlener an.

Um die nötige Unterstützung zu erhalten, wenden sich die Republikaner offen an Gott.

---

61 (Martha F. Davis – American Constitution Society – To Promote the General Welfare 2011)

KAPITEL 5

Gott

Die Religion war seit den Anfängen im frühen 16. Jahrhundert an der Schaffung der heutigen Vereinigten Staaten von Amerika beteiligt. Manchmal wie ein ruhiger Ozean, dann voller mächtiger Wellen, wie die Surfer sie lieben. Dieses Kapitel fasst jene religiösen politischen Triebkräfte zusammen.

16. bis Anfang des 19. Jahrhunderts

Während es im internationalen Wettrennen zwischen England, Frankreich, Spanien und Holland um Land, Reichtum und Macht ging, kamen auch Geistliche, um die Eingeborenen zu zivilisieren und ihren eigenen Leuten religiöse Dienste zu leisten. Jede Einwanderungswelle brachte die Religion ihres Herkunftslandes mit in die neue Heimat. Die Iren, Italiener, Franzosen und Spanier brachten den Katholizismus. Die Deutschen brachten lutherischen Protestantismus und Katholizismus; die Holländer die reformierte Kirche; die Engländer die anglikanische Kirche. Während die Sklaven ihre afrikanischen Religionen mitbrachten, zwangen die Geistlichen ihrer Besitzer sie zum Christentum.

Die Geistlichen versuchten, die amerikanischen Ureinwohner zu missionieren. Dann gab es religiöse Flüchtlinge wie die Pilger, Mennoniten, Hutterer und andere. Die ersten religiösen Hochschulen waren Harvard, Yale, Princeton und mehrere andere Institutionen, die gegründet wurden, um Priesternachwuchs bereitzustellen und die junge männliche Elite auszubilden.

Die frühen Einwanderer breiteten sich von Maine nach Florida ins Mississippi-Tal aus und brachten ihre verschiedenen Religionen mit. Größtenteils, mit wenigen Ausnahmen, waren die Menschen frei in ihrer religiösen Verehrung, obwohl die Europäer ihre Voreingenommenheit und Vorurteile natürlich mitbrachten; diese sind bis ins 21. Jahrhundert aktuell.

Thomas Jefferson, der Hauptautor der Unabhängigkeitserklärung von 1776 und Präsident der USA von 1801 bis 1809, verfasste die sogenannte Jefferson-Bibel. Mit einem Rasiermesser extrahierte er aus der Bibel nur die Sprüche Jesu. In seinen Worten (bearbeitet):[62]

> Indem wir die reinen Prinzipien extrahieren, die er (Jesus, Anm.) lehrte, sollten wir … die künstlichen Gewänder abstreifen, mit denen sie von Priestern verhüllt wurden, die sie in verschiedene Formen entstellt haben, zur Selbstbereicherung und als Machtinstrumente. Wir müssen … ihre Essenzen … ihre Logos … und Dämonen … des Unsinns zurückweisen. Wir müssen… auf die einfachen … reinen Worte Jesu reduzieren (um Unklarheiten zu beseitigen, die die Anhänger nicht verstanden haben, Anm.) … Es wird sich herausstellen, dass der erhabenste und gütigste Moralkodex übrigbleibt, der dem Menschen jemals angeboten wurde. Ich habe diese Operation für meinen eigenen Gebrauch

---

62 (Wikipedia – Jefferson Bible 2020)

durchgeführt, indem ich Vers für Vers aus dem gedruckten Buch herausgeschnitten und das Material angeordnet habe, das offensichtlich von ihm (Jesus, Anm.) stammt und das so leicht zu erkennen ist wie Diamanten in einem Misthaufen. Das Ergebnis sind ... reine und ungekünstelte Lehren.

Es gibt ein grundlegendes und hoch politisches Missverständnis in Bezug auf die Rolle der Religion bei der Erstellung der Unabhängigkeitserklärung und der US-Verfassung. Evangelikale und/oder „traditionelle" Protestanten behaupten, dass das Christentum für die frühe Geschichte der Vereinigten Staaten von zentraler Bedeutung und dass die Nation auf jüdisch-christlichen Prinzipien gegründet sei. Sie verweisen auf Gebete im Kongress, auf nationale Gebetstage und Dankfeste sowie auf die Anrufung Gottes als Quelle unserer „unveräußerlichen Rechte" in der Unabhängigkeitserklärung.[63]

Säkularisten antworten, dass viele der Gründerväter Deisten gewesen seien (Menschen, die an ein allgemeines Konzept von Gott glauben) und dass sie die beiden Schlüsseldokumente auf weltlichen Grundlagen erstellt haben. Sie führen ferner das völlige Fehlen biblischer Referenzen in unseren wichtigsten Gründungsdokumenten an und stellen fest, dass der Gott der Unabhängigkeitserklärung nicht in typisch biblischer Ausdrucksweise als „Gott, der Vater" beschrieben wird, sondern mit deistischen Begriffen als „Schöpfer" und „Höchster Richter der Welt".

Das erste Bild ist ein berühmtes Bild der Unterzeichnung der Unabhängigkeitserklärung von Großbritannien zu sehen. Das zweite Bild ist das gleiche Gemälde abgebildet, auf dem aber Jesus den gesamten Prozess leitet. Viele Amerikaner (30%?) glauben dem zweiten und nicht dem ersten.

---

63 (Seidel, Andrew L. – The Founding Myth 2019)

Weltliche Sicht ohne Jesus

Fundamentalistische christliche Sichtweise mit Jesus

Unabhängigkeitserklärung

Die meisten Unterzeichner der Unabhängigkeitserklärung und der US-Verfassung waren auf dem Papier Mitglieder traditioneller Glaubensgemeinschaften.[64] Viele von ihnen waren jedoch auch Deisten und Freimaurer, „die auf erheblichen Widerstand der organisierten Religion, insbesondere der römisch-katholischen Kirche, und verschiedener Bundesstaaten stießen. Die Freimaurerei lehrt Moral, Nächstenliebe und Gehorsam gegenüber dem Gesetz des Landes. Für die Aufnahme muss der Antragsteller ein erwachsener Mann sein, der an die Existenz eines

---

64 (Staloff 2020)

Höchsten Wesens und an die Unsterblichkeit der Seele glaubt. ... Im Allgemeinen zog die Freimaurerei in lateinischen Ländern Freidenker und Antiklerikale an."[65]

Dennoch behaupten amerikanische christliche Fundamentalisten heute, dass viele der Gründer bekennende Christen gewesen seien; sie gehen soweit, die Anwesenheit Jesu bei der Schaffung beider Dokumente zu postulieren.

Im Allgemeinen hatten die Gründerväter der USA aus den Religionskriegen in Europa gelernt. Sie begründeten die Verfassung absichtlich auf religiöser Toleranz und der Trennung von Kirche und Staat. Es war ihnen daran gelegen, die spaltende Wirkung von Religionskonflikten einzudämmen und gar den Missbrauch von Religion als politische Waffe zu verhindern, wie es jetzt im frühen 21. Jahrhundert geschieht.

Trotzdem hatte die Religion letztlich einen erheblichen Einfluss auf das wachsende Land. Während viele Einwanderer aus wirtschaftlichen Gründen auf der Suche nach politischer Freiheit in die USA kamen, gab es Gruppen wie die Mennoniten, Hutterer, Pilger und andere Gruppen, die speziell wegen der Religionsfreiheit kamen. Darüber hinaus brachten viele andere Einwanderer ihre Religion mit, wie die Lutheraner, Katholiken, Anglikaner usw. Sie gründeten Kirchen, Schulen, Universitäten und soziale Einrichtungen.

Erweckungsbewegungen

Die verschiedenen großen Erweckungsbewegungen fanden vor dem Hintergrund statt, dass viele Einwanderer keine Mitglieder einer Kirche waren. Das Ziel war es, einfache Botschaften des Evangeliums zu

---

65 (Staloff 2020)

predigen, die „... Gottes absolute Souveränität, die totale Verderbtheit des Menschen und die sühnende Liebe Christi" verkündeten.[66] Diese Erweckungen nahmen im 19. und 20. Jahrhundert zu und ab wie die Wellen des Ozeans am Strand. Billy Grahams Erweckungen gehören zu den bekanntesten. Die Menschen wandten sich zunächst inbrünstig Gott zu und dann, mit der Zeit, fielen viele wieder ab, nur um eine weitere Erweckung zu erleben. Politiker, ob sie nun echte Gläubige waren oder nicht, nutzten die Anhänger, um politischen Einfluss zu erlangen, und Unternehmen wiederum machten sich die „Erweckten" zu Nutze, um politische Macht zur Förderung unternehmerfreundlicher Gesetzgebung zu gewinnen.

In einigen Gebieten der USA gab es so viele Erweckungen, dass einige Leute witzelten, dass das Gebiet „verbrannt" sei, was bedeutet, dass nicht mehr viele Menschen zum Konvertieren übrig waren. In einem solchen Gebiet im Bundesstaat New York begründete Joseph Smith das Mormonentum.

Religiöse Führer im Süden konvertierten auch Sklaven zum Christentum. Dies sollte teilweise tatsächlich der Rettung von Seelen dienen, war aber auch ein Mittel, die Sklaven davon zu überzeugen, fügsam zu sein und ihre gottgegebene Position als Sklaven anzunehmen.

Biblizismus

Im späten 19. Jahrhundert begann sich der Biblizismus oder biblische Literalismus zu verbreiten. Als Folge glauben heute mindestens dreißig Prozent der US-amerikanischen Bevölkerung, dass die Bibel buchstäblich („literal") und irrtumslos das Wort Gottes sei. Der Literalismus behauptet, dass der Durchschnittsmensch die Bibel so verstehen könne,

---

66 (Ahlstrom 1975) S. 417.

wie die Autoren sie verfasst haben. Dass sie das aussage und bedeute, was sie aussagt, es sei denn, es finde sich ein Zeichen dafür, dass es sich bei einer Textstelle um eine Allegorie oder um Poesie handelt.

In diesem Verständnis sind die Geschichten der Genesis wie die Schöpfung, die Arche Noah und die langen Lebensspannen in den Genealogien usw. sachlich und historisch korrekt.[67] Viele Seminare und Prediger lehren, dass der Heilige Geist den ursprünglichen Bibelautoren beim Schreiben jedes einzelnen Strichs und jedes Punkts die Hand geführt habe. Alle Zweifel daran seien auf einen nicht erneuerten Geist zurückzuführen, der sich der Wahrheit verschließe.

Für eine solche Person sei die Schrift versiegelt. „Die Bibel ist für diejenigen unverständlich, denen die innere persönliche Ausrichtung an Gott fehlt, was allein ein spirituelles Verständnis gewährleistet."[68] Außerdem habe es keinen Sinn, Zeit für den Streit mit solchen Menschen zu verschwenden, denn sie werden niemals glauben. Dieser Rationalismus, der sich in die biblische Lehre eingeschlichen habe und der zu Spott und Ablehnung einer vernünftigen Lehre führe, basiere auf Unwissenheit[69] – vorsätzlicher und betrügerischer Unwissenheit.[70]

Um den amerikanischen Geist zu begreifen zu können, ist es wichtig, die drei vorhergehenden Absätze zu verstehen und sich bewusst zu werden, dass der Biblizismus in den Vereinigten Staaten von Amerika eine starke Kraft ist und dass viele Laien, Minister, Kongressabgeordnete, Senatoren, Militärführer, Kommentatoren und einige Präsidenten fest an seine Lehren glauben oder sie zumindest diffus akzeptieren.

---

67 (Wikipedia – Biblical Literalism 2020)
68 (Chafer 1947 Eleventh Edition 1973) Vol 1, S. 9.
69 (Chafer 1947 Eleventh Edition 1973) Vol 1, S. viii.
70 (Chafer 1947 Eleventh Edition 1973) Vol 1, S. 118.

Denken Sie beim Lesen der folgenden Abschnitte und Kapitel an diese Ansicht. Das wird Ihnen das Verständnis erleichtern, wie diese die amerikanische Schulpolitik, Kommunal-, Staats- und Bundestagswahlen und zunehmend die Entscheidungen von Richtern auf verschiedenen Ebenen beeinflusste und beeinflusst. Dies wird in den folgenden Abschnitten erläutert.

Alkoholverbot

Der Einfluss christlich-konservativer Kirchen in den USA wird an der Durchsetzung des Verbots der Herstellung, des Vertriebs und des Verkaufs von Alkohol deutlich. Die Bewegung wurde zu einer mächtigen nationalen Kraft, als sich die Frauenunion für christliche Abstinenz und die Anti-Saloon-Liga (drei der sechs Anführer waren christliche Priester[71]) zusammenschlossen. Sie glaubten, dass Alkoholkonsum Leben zerstörte, unmoralisch war und den Zerfall der Gesellschaft bewirkte. Sie nutzten die Kriegsbegeisterung während des Ersten Weltkriegs, die Unterstützung der „Jungs im Krieg", und erhielten Unterstützung für das Alkoholverbot.[72] Bis 1919 ratifizierten 45 von 48 Staaten die 18. Verfassungsänderung, die die Herstellung, den Vertrieb und den Verkauf von Alkohol verbot. Interessanterweise blieb der Konsum von Alkohol für die Menschen legal.[73]

Als die Bundesstaaten jedoch entsprechende Gesetze verabschiedet hatten, wurden die ganzen Auswirkungen des Verbots deutlicher und bei vielen Menschen machte sich in doppelter Hinsicht Ernüchterung breit. Die Mafia und andere illegale Organisationen wurden zu wesentlichen Machtfaktoren. Franklin D. Roosevelt nahm in sein Wahlprogramm für

---

71 (Westerville Public Library – Anti-Saloon League Museum n.d.)
72 (History.com Editors – 18th and 21st Amendments 2020)
73 (Wikipedia – Eighteenth Amendment to the United States Constitution 2020)

die US-Präsidentschaft vom November 1932 das Ende der Prohibition auf. Eine seiner ersten Handlungen war die sehr schnelle Verabschiedung (bis Dezember 1933) der 21. Verfassungsänderung der USA, mit der das Verbot aufgehoben wurde.[74]

Evolutionsgegner

Gleichzeitig wurde eine andere christliche Kraft politisch mächtig: 1925 verabschiedete der Bundesstaat Tennessee ein Gesetz, welches das Unterrichten der Evolutionslehre verbot. John Scopes, ein High-School-Lehrer, wurde wegen Verstoßes gegen dieses Gesetz verhaftet. William Jennings Bryant, dreimaliger US-Präsidentschaftskandidat und überzeugter Evolutionsgegner, fungierte als Staatsanwalt. Clarence Darrows Ziel als Verteidiger war es, „das fundamentalistische Christentum zu entlarven und das Bewusstsein für eine enge, fundamentalistische Interpretation der Bibel zu schärfen." Der unter großer medialer Beteiligung geführte Prozess wurde in Zeitungen und im Radio zu einer nationalen Sensation. In neun Minuten der Beratung befand die Jury Scopes für schuldig und er wurde mit einer Geldstrafe von 100 US-Dollar belegt,[75] was etwa 1.500 US-Dollar im Jahr 2020 entspricht.[76] Das Urteil wurde später von einer höheren Instanz aufgrund eines Formfehlers im ersten Prozess aufgehoben.

Ebenfalls 1925 verabschiedeten die Bundesstaaten Mississippi und Texas ähnliche Gesetze gegen die Evolutionslehre. Während die Bemühungen in anderen Staaten nicht erfolgreich waren, ist die starke evolutionskritische Haltung im Bildungssystem der USA auch noch im 21. Jahrhundert eine echte Macht. Die Evolutionskritik hat sich zur

---

74 (History.com Editors – 18th and 21st Amendments 2020)
75 (History.com Editors – Scopes Trial 2019)
76 (Dollar Times – Calculate the Value of dollars in today's times 2020)

Auffassung des „Intelligent Design"[77] gewandelt, die besagt: „... bestimmte Eigenschaften des Universums und der Lebewesen lassen sich am besten mit einer intelligenten Ursache erklären, nicht mit einem ungerichteten Prozess wie der natürlichen Selektion."[78]

Aufgrund der lautstarken politischen Gegenreaktionen unterrichten 60% der Lehrer naturwissenschaftlicher Fächer wie Biologie entweder gar keine Evolutionslehre oder „unterrichten Evolutionslehre, aber nicht so, dass man es bemerken würde." Diese 60% „qualifizieren" ihren Unterricht, indem sie nach dem Muster „Lehre die Kontroverse" vorgehen, sich für die Vermittlung der Evolutionslehre entschuldigen oder das Thema auf Mikroben einschränken. Mit anderen Worten: Die Evolutionslehre gewinnt vor Gericht, verliert aber im Klassenzimmer.[79]

Die Evolutionsgegner behaupten unmissverständlich, dass der Darwinismus zu Unmoral, Übel, Homosexualität und der Zerstörung der menschlichen Zivilisation führe. Zum Beispiel habe „der Darwinismus die Ansichten der Nazis zu Rasse und Krieg gerechtfertigt und gefördert. Wenn die NSDAP den Glauben, dass alle Menschen Nachkommen von Adam und Eva und vor dem Schöpfergott gleich sind, wie es sowohl im Alten als auch im Neuen Testament gelehrt wird, voll und ganz angenommen und konsequent danach gehandelt hätte, hätte der Holocaust niemals stattgefunden." Darüber hinaus „trug die Auslöschung der jüdisch-christlichen Lehre vom göttlichen Ursprung des Menschen aus der deutschen (liberalen) Theologie und ihren Schulen und deren Ersetzung durch den Darwinismus offen zur Akzeptanz des

---

77 (History.com Editors – Scopes Trial 2019)
78 (Intelligent Design – What is Intelligent Design? n.d.)
79 (Paul Fidalgo – Center for Inquiry – Eugenie Scott and Bertha Vazquez on "Reaching the 60%" for Evolution Education 2016)

Sozialdarwinismus bei, der in der Tragödie des Holocaust gipfelte."[80] Daher sei die Evolutionslehre böse.

Diese Ansichten trugen zur Zunahme von Homeschooling, konservativen religiösen Grundschulen und High-Schools sowie von Universitäten wie der Liberty University, dem Hillsdale College, der Praeger University, dem Dallas Theological Seminary, dem Trinity Evangelical Seminary und vielen anderen bei.

Christlich-konservative Position für die Republikanische Partei

Pat Buchannan, ein politischer Stratege und ehemaliger US-Präsidentschaftskandidat, erläuterte die christlich-konservative Position für die Republikanische Partei. Er sagte, dass zu den meisten Wahlen 30 Prozent der Wahlberechtigten gehen – und das in einem guten Jahr. Alles, was man für einen Wahlsieg benötige, seien also 16% der Stimmberechtigten. Das fehlende eine oder etwas mehr Prozent der Stimmen können die christlichen Konservativen der Republikanischen Partei bringen.

> Vergessen Sie die liberalen Staaten an der Ost- und Westküste wie Kalifornien, New York und den Rest. Konzentrieren Sie sich stattdessen auf das weite Innere der USA. Hier gibt es viele christliche Kirchen. Wir werden mit ihnen an den Themen arbeiten, die für sie wichtig sind. Themen wie Abtreibung, Homosexualität, Evolutionskritik usw. Sobald wir unsere Macht demonstriert haben, muss die Republikanische Partei tun, was wir ihr sagen.

---

80 (Jerry Bergman – Answers In Genesis – Darwinism and the Nazi Race Holocaust 1999)

Auf diese Weise werden wir die staatliche Gesetzgebung und die Gouverneursämter kontrollieren. Wir werden den Senat kontrollieren, der die Mitglieder des Kabinetts des Präsidenten, die Richter des Obersten Gerichtshofs und die große Anzahl von Bundesrichtern sowie andere Bundesbeauftragte genehmigt. Sie alle werden sich dann christlichen Werten gegenüber freundlich erweisen.

Wenn wir die Kontrolle erlangen, werden wir die Gesetze in den Schulbehörden, Landkreisen, Staaten und auf Bundesebene so ändern, dass sie christlich sind. Selbst wenn die Liberalen die Staaten und die Bundesregierung zurückerobern können, müssen sie sich durch alle fünfzig Staaten und beide Kammern des Kongresses streiten und kämpfen. Und selbst wenn ihnen das gelänge, hätten die Gerichte lebenslange konservative Richter, die den christlich-konservativen Werten freundlich gegenüberstehen.

Es wird fünfzig Jahre dauern, bis die Liberalen wieder da sind, wo sie jetzt sind. Bis dahin sollten wir in der Lage sein, wieder aufzustehen und sie zurückzudrängen.[81]

Inzwischen setzen sich wichtige Elemente der politischen Führung der USA aus konservativen Christen zusammen. Diese integrieren ihre Glaubenssätze erfolgreich in die politische Willensbildung und den amerikanischen Geist. Obwohl viele Präsidenten schon in unterschiedlichem Maße religiös waren, zeigten nur George W. Bush und Donald Trump offen und energisch Unterstützung für das konservative Christentum. Im Ergebnis haben ihre religiösen Ansichten die Auswahl der Kabinettsmitglieder, der auf Lebenszeit ernannten Bundesrichter wie etwa der Richter am Obersten Gerichtshof der USA, der Botschafter

---

81 Ich bin mir nicht mehr ganz sicher ob es Pat Buchanan oder Pat Roberts war, der dies in den späten 1970ern oder frühen 1980ern in einem Fernsehinterview sagte. An das Gesagte erinnere ich mich jedoch deutlich.

und der Regierungsmitglieder der Bundesstaaten maßgeblich beeinflusst. Dies wiederum hat Einfluss auf einige der wesentlichen Merkmale der Innen- und Außenpolitik.

Armageddon

Christliche Konservative glauben, dass es vor dem Jüngsten Gericht südlich von Haifa in Israel eine große Schlacht zwischen dem Guten und dem bösen Antichristen geben werde. Manche sehen den Antichristen in der UN, der Europäischen Union, Russland oder China. Unabhängig davon glauben sie, dass das Buch der Offenbarung, das letzte Buch in der christlichen Bibel, eine genaue Vorhersage sei, und so bestimmt es stillschweigend ihre außenpolitischen Entscheidungen. Von besonderem Interesse ist es, Israel dabei zu helfen, seine früheren biblischen Grenzen wiederzuerlangen.

Das Böse und die Liebe

Sie glauben, dass der Mensch von Natur aus sündig und böse sei. Dass die Welt verderbt sei und die Menschheit allein durch die Erlösung durch Jesus Christus gerettet werde, was im nächsten Leben geschehen werde. Um die Seele der Vereinigten Staaten tobe ein großer Krieg, der ein Hoffnungsschimmer für die Welt sei. Der Liberalismus habe die Vereinigten Staaten korrumpiert, indem er Homosexualität, Evolutionslehre und Abtreibung bestärkt und die grundlegenden jüdisch-christlichen Prinzipien aufgegeben habe, die die USA geschaffen hätten und die in die Unabhängigkeitserklärung und die Verfassung eingebettet seien. Liberale und der Liberalismus insgesamt seien also ein Übel, das bekämpft werden müsse. So lautstark die Konservativen in dieser grundlegenden Thematik sind, so verschlafen bleiben die Liberalen, träumen und ignorieren das eigentliche Wesen des Krieges, der gegen sie geführt wird.

Das Wohlstandsevangelium

Ein Kernelement im konservativen Christentum ist der Glaube, dass Gott möchte, dass die Menschen wohlhabend sind. Durch Glauben an Jesus, harte Arbeit, positives Denken, Beichte und Spenden werde den Gläubigen Fülle, Gesundheit, Glück und Wohlstand zuteilwerden. Wenn Gläubige wohlhabend und glücklich sind, liege dies daran, dass Gott sie gesegnet habe. Wer es nicht ist, habe das Wohlstandsevangelium nicht angenommen.

Diese Ansicht überträgt sich auf Politik, Regierung und Gesetzgebung. Es sei die Aufgabe der Regierung, ihr Volk vor Verbrechen und Feinden zu schützen. Aber es sei nicht die ihre Aufgabe, sich um das Volk selbst zu kümmern. Vielmehr würden die Menschen durch das Wohlstandsevangelium glücklich, gesund, reich und weise. Daher sei es notwendig, Programme zu kürzen, welche die Menschen verweichlichen, und das Volk dazu zu bringen, auf sich selbst aufzupassen. Die konservativen Christen arbeiten also daran, Wohlfahrt, Sozialversicherung, Medicare, Medicaid (am. Gesundheitsfürsorgeprogramm für Personen mit geringem Einkommen, Anm. d. Übers.) und eine liberale Schulbildung zu beseitigen, die lehrt, dass eine „große Regierung" und Sozialismus etwas Gutes seien.

Sex

Konservative Theologie und Politik vertreten die Auffassung, dass Sex nur in der Ehe zwischen einem Mann und einer Frau zulässig sei, dass jedes ungeborene Kind ein Recht auf Leben habe und Abtreibung etwas Böses sei. Ihre Vertreter wollen die Verfassung der USA und jedes Bundesstaates dahingehend ändern, dass sie lautet: „Die Ehe besteht nur zwischen einem Mann und einer Frau" und dass „ein Mensch im Moment der Empfängnis gebildet wird und ein Recht auf Leben hat." Auf diese

Weise müssten Liberale, sollten sie jemals wieder an die Macht kommen, Verfassungsänderungen vornehmen, was ein sehr teurer und mühsamer Prozess ist, sowie die Verfassung jedes der fünfzig Staaten ändern.

Zu solchen Maßnahmen gehören Verbote aller Formen der Empfängnisverhütung, jeglicher Form von Aufklärungsmaterial, Abtreibungspillen, Abtreibungen und der Unterstützung von Menschen bei jeder Art von Abtreibung.

Darüber hinaus arbeiten die Konservativen daran, dass an Schulen Kreationismus statt Evolution gelehrt, Abstinenz gepredigt und Homosexualität als gegen Natur und Gott bezeichnet wird. Schulen, die abweichende Ansichten vermitteln, verlieren Finanzmittel und die Lehrer ihre Zulassungen und Arbeitsplätze. Viele Schulbehörden sind inzwischen im Griff konservativer Christen. Aus Furcht davor, was Schüler ihren Eltern und diese wiederum den Schulbehörden berichten, überspringen viele Lehrkräfte stillschweigend das „kontroverse" Material. Es heißt, dass die Liberalen vor Gericht gewinnen, wenn sie den Kreationismus nicht lehren wollen, aber tatsächlich verlieren sie, weil die Lehrer nicht kämpfen wollen.

Homeschooling

Konservative halten den Liberalismus für ein Übel, ein Übel, das bekämpft werden müsse. Daher möchten sie, dass ihre Kinder nur das lernen, was gottgefällig ist und den wahren jüdisch-christlichen Prinzipien entspricht, welche für die Entstehung der USA maßgeblich gewesen seien. Der Schulalltag sollte von Gebeten, Bibellesen und dem Treueeid auf die Flagge der Vereinigten Staaten geprägt sein. Die biblische Schöpfungsgeschichte und nicht die Evolutionslehre sollte als Wahrheit gelehrt werden. Starkes Moralempfinden und mehr Disziplin sollten an Schulen vorherrschen. In jeder Schulstufe sollte Bibelkunde unterrichtet und die Bibel als Grundlage der individuellen und der kollektiven amerikanischen Moral vermittelt werden.

Da sich die öffentlichen Schulen diesen Änderungswünschen widersetzen, haben konservative Kreise starke Homeschooling-Programme und eigene, private Schulsysteme, aufgebaut. Zudem arbeiten sie weiter daran, das öffentliche Bildungssystem konservativer zu gestalten, und forcieren die Umverteilung von Mitteln weg vom öffentlichen Bildungssektor zugunsten der häuslichen Beschulung und konservativer Privatschulen.

In der Zwischenzeit arbeiten andere konservative Kräfte an der

Zerstörung des staatlichen Bildungswesens

Viele konservative Christen und die katholische Hierarchie hegen den tiefen Wunsch, dass die öffentliche Bildung auf christlichen Prinzipien und ihrer Interpretation der Geschichte basiert. Bis 1962 begann jeder Schultag mit dem Treueeid auf die Flagge der Vereinigten Staaten von Amerika. Es folgten eine Lesung aus der Bibel und ein Gebet. Dann hob der Oberste Gerichtshof das Gebet an öffentlichen Schulen auf, was in konservativen Gemeinschaften Empörung auslöste. Diese glauben, dass die öffentliche Bildung damit unmoralisch werden würde. Dass Kinder nichts vom Glauben an Gott erfahren würden, den Schöpfer alles Guten und die Grundlage für die Entstehung der Vereinigten Staaten. Dass das Land irgendwann seinen Platz als Führer der freien Welt verlieren würde. Dass dies eine kommunistische Verschwörung sei mit dem Ziel, Amerika zu zerstören.

So kämpfen konservative Christen zusammen mit der katholischen Kirche dafür, öffentliche Mittel zu erhalten, um Homeschooling in die

Bildungssysteme einzubeziehen. In den USA ist die Finanzierung der öffentlichen Bildung jedoch eine Mischung aus Bundes-, Landes- und lokalen Initiativen. Häufig werden Menschen ohne Kinder und konservative Christen nicht für die staatliche Finanzierung öffentlicher Bildung stimmen. Dennoch wollen Letztere die Mittel aus diesem System für die Unterstützung ihres eigenen Systems. Darüber hinaus sind öffentliche Schulen verpflichtet, Schülertransporte zu nicht-säkularen Schulen zur Verfügung zu stellen. Zunehmend gibt es Bewegungen, die verlangen, dass der Staat für Naturwissenschaften, Mathematik, Geschichte und andere nichtreligiöse Fächer an konfessionellen Privatschulen bezahlt. Dazu gehören auch der Unterhalt der Gebäude- und Geländeteile, die für weltliche Aktivitäten wie Sport genutzt werden, Parkplätze und Lehrergehälter. All diese Bemühungen graben dem öffentlichen Bildungssystem das Geld ab. Wenn die lokalen Regierungen keine Mittel an religiöse Schulen weitergeben, drohen einige Konservative damit, die öffentlichen Schulen mit ihren Kindern zu überschwemmen, was zu Überlastung, unzureichenden Ressourcen und politischen Unruhen führen würde.

Infolgedessen reduzierten die republikanischen Regierungen im Laufe der Jahrzehnte die Mittel für öffentliche Universitäten. Durch diese Maßnahmen wurde das Studium an vielen Universitäten für den durchschnittlichen amerikanischen Studenten sehr teuer: Verschuldete Absolventen öffentlicher Vierjahres-Colleges stehen im Schnitt mit 26.900 USD in der Kreide und diejenigen privater, gemeinnütziger Colleges mit durchschnittlich 32.600 USD.[82] Das bedeutet, dass einige Studenten ihre berufliche Laufbahn mit fast 100.000 Dollar Schulden beginnen. Diese Studenten, ob sie ihren Abschluss machen oder nicht, müssen die Darlehen mit Zinsen zurückzahlen. Natürlich gibt es auch

---

82 (Hess 2019)

Fälle mit ausreichenden finanziellen Ressourcen in der Familie, bei denen wenig bis keine Schulden durch die Ausbildung entstehen.

Als Ergebnis dieses finanziellen Drucks sind viele Studenten mehr am Erreichen der formalen Kursziele interessiert als am echten Erlernen des Wissensstoffs, während sie nebenher für das nötige Einkommen für Lebensunterhalt und Studiengebühren arbeiten. Anstatt der Geistesbildung zu dienen, wird der Unterricht auf diese Weise zu einem Programmpunkt, den es zum Zweck eines gut bezahlten Jobs abzuhaken gilt. Es gibt jedoch so viele Collegeabsolventen, dass ein Collegediplom heute keine Garantie für einen gut bezahlten Job mehr darstellt. Vielmehr entspricht ein Collegeabschluss heute dem, was in den 1960er Jahren und früher ein High-School-Abschluss war.

Projekt Blitz

Das Ziel von „Projekt Blitz" ist die Verankerung einer ganz bestimmten Vision des Christentums in den Gesetzen und Organisationen auf lokaler, bundesstaatlicher und nationaler Ebene in den Vereinigten Staaten. Das erklärte Ziel ist, „die freie Ausübung traditioneller jüdisch-christlicher religiöser Werte und Überzeugungen im öffentlichen Raum zu schützen und das Narrativ, das solche Überzeugungen stützt, zurückzugewinnen und entsprechend zu definieren." Gesetze, die die Behinderung christlicher Bräuche im öffentlichen Raum beseitigen, sollen auf staatliche Schulen und Institutionen wie Justiz, Gesetzgebung, Polizei und Medien ausgedehnt werden. Das Projekt unterstützt konservative Parlamentarier auf lokaler, staatlicher und Bundesebene bei der Öffentlichkeitsarbeit und beim Messaging und versucht ansonsten, seit Langem bestehende Narrative zu Fragen der Religionsfreiheit abzuändern. Es fördert das Lesen und Studieren der Bibel an öffentlichen Schulen und religiöse Ausnahmen vom Schutz der LGBTQ-Bürgerrechte und der reproduktiven Gesundheitsversorgung von Frauen.

Die eine Seite des ideologischen Grabens betrachtet das Sprechen gegen die Bürgerrechte von LGBTQ und die reproduktive Gesundheitsversorgung von Frauen als Hassverbrechen. Die andere, strenggläubige Seite streitet vor Gericht und verabschiedet Gesetze, die religiöse Ausnahmen für diese tief verwurzelten Überzeugungen erlaubt.

Das Projekt erarbeitet Mustergesetze, Ankündigungen und Diskussionsansätze für bundesstaatliche und lokale Parlamentarier, die Gesetzesvorlagen zur Förderung der Religionsfreiheit einführen möchten. Darüber hinaus gibt es Modelle und Strategien für die Themen Geschlecht und Sexualität, Bibelkompetenz an öffentlichen Schulen, Anerkennung des christlichen Erbes und des Weihnachtstages sowie Darstellungen des nationalen Mottos.

Obwohl viele Organisationen das Projekt Blitz bekämpften und bekämpfen, hat dieses bis heute einen subtilen, aber signifikanten Einfluss auf die amerikanische Rechtsstruktur. Im Jahr 2019 änderte die Organisation nach viel Empörung der Linken ihren Namen und wirkt seither nur noch im Untergrund.

Aktuelle Schätzungen gehen davon aus, dass mindestens 950 Parlamentarier auf föderaler und Bundesstaatsebene am Projekt beteiligt sind. Die Abgeordneten, die Projekt Blitz unterstützen, sind nicht öffentlich.[83]

Das Projekt Blitz besteht aus drei Ebenen:

Ebene 1: Einfache sichere Maßnahmen, die die Öffentlichkeit sanft zu tieferen strukturellen Veränderungen bewegen. Eine davon ist,

---

83 (Frederick Clarkson – Project Blitz by Any Other Name 2019)

das nationale Motto, „In God We Trust", in allen öffentlichen Gebäuden, Schulen und Anlagen anzubringen. In vielen Gerichtssälen und Parlamenten ist das Motto an prominenter Stelle zu sehen. Polizei- und Feuerwehrautos mit dem Motto – diskret, aber doch gut sichtbar – sind eine übliche Erscheinung. Einige Kfz-Kennzeichen tragen das Motto. Viele Menschen achten nicht auf diese subtilen Veränderungen. Konservative Christen sehen in solchen Demonstrationen jedoch eine Bestätigung ihres stetig wachsenden Erfolgs darin, die Überzeugung zu etablieren, dass die USA sich auf ihrer Vorstellung von Gott gründen und dass nur sie die USA vor dem moralischen Niedergang retten könnten. Befürworter bemerken die Veränderungen dabei sehr wohl und fühlen ihren politischen Einfluss wachsen.

Ebene 2. Verabschiedung von Resolutionen, welche konservative christliche Ansichten verkünden. Zum Beispiel, dass die USA auf jüdisch-christlichen Prinzipien gegründet worden seien, dass die Ehe zwischen einem Mann und einer Frau bestehe, dass religiöse Menschen nichts tun müssen, was ihr Gewissen oder Religion verletzt, dass Unternehmen unter Berufung auf die Religionsfreiheit Handlungen ablehnen können, die gegen das Gewissen oder die religiösen Überzeugungen der Eigentümer verstoßen, dass Religionen Freiheiten haben, die nicht mit Füßen getreten werden dürfen, dass die Bibel das offizielle Buch der USA sei usw.

Ebene 3. Verabschiedung von Gesetzen und Änderung der Verfassungen der Bundesstaaten und US-Verfassung für die Resolutionen auf Ebene 2.[84]

---

84 (David Taylor – The Guardian – Project Blitz: the legislative assault by Christian nationalists to reshape America 2018)

Die grundlegende Ansicht lautet: „Als liberaler Christ, als Jude, als Muslim, als Ungläubiger jeglicher Art oder als was auch immer ist man bestenfalls ein Bürger zweiter Klasse."[85]

Präsidialdekrete sind eine einfache, politisch wirksame Möglichkeit, christliche Konservative zu unterstützen, ohne Geld auszugeben, um Stimmen zu gewinnen. Ein Beispiel ist die Befreiung von Geburtenkontrollmandaten von Versicherungspolicen, die auf tief verwurzelten religiösen Überzeugungen von Unternehmen beruhen.[86]

Errichtung einer Theokratie

Das Ziel der Konservativen ist es, aus den USA eine Theokratie zu machen, in der ihre Auffassung von wahren jüdisch-christlichen konservativen Werten und Dogmen das Gesetz des Landes sind, von Schulbehörden, Städten und Landkreisen über die Bundesstaaten bis hin zur Bundesregierung, und in der diese von ihren Geistlichen geführt werden. Der christliche Konservativismus soll sich also jedem Amerikaner tief in Fleisch und Blut eingraben.

Dies scheint dasselbe zu sein, was Muslime im Iran, in Saudi-Arabien, Indonesien, Pakistan und anderen muslimischen Ländern wollen oder haben, und wogegen die konservativen Christen toben. Unterdessen träumen liberale Christen und ihre Geistlichen weiterhin von Vergangenheit, Gegenwart und Zukunft, ohne zu verstehen oder sich darum zu kümmern, dass ihre Kirchen, liberalen Gesetze und Regierungen sowie liebgewonnenen Freiheiten, die sie für selbstverständlich halten,

---

85 (David Taylor – The Guardian – Project Blitz: the legislative assault by Christian nationalists to reshape America 2018)
86 (Kevin Daley – Roberts, Liberal Justices Wary of Trump Exemptions to Birth Control Mandate 2020)

im Verschwinden begriffen sind. Sie schlafen zufrieden und beglückwünschen sich zu ihren ineffektiven Plänen zur Wiederbelebung ihrer Kirchen, Schulen, Universitäten, Gesetzen und Politik.

Unterdessen verändert sich ihr Land.

KAPITEL 6

Land

Amerikaner neigen zu zwei unterschiedliche Ansichten über die Vereinigten Staaten. Die Konservativen beziehen einen tiefen emotionalen Stolz daraus, wie die USA nach jüdisch-christlichen Werten entstanden seien, dass Jesus bei der Schaffung und Unterzeichnung der Unabhängigkeitserklärung und der Bildung der US-Verfassung anwesend gewesen sei. Dieser stille Einfluss Gottes zeige sich im Manifest Destiny; in der Schaffung der dreizehn Kolonien; in der Gewinnung des Lands von den Allegheny-Bergen bis zum Mississippi aus den Händen der Franzosen; im Louisianas-Kauf, bei dem 1803 von Napoleon etwa das Gebiet westlich des Mississippis bis zu den Rocky Mountains in Montana erworben wurde; im Gewinn des heutigen Südwestens der USA im Krieg gegen die Spanier 1848; im Kauf Alaskas von Russland 1867; in der Annexion Hawaiis 1898, um ausländische Mächte am Erwerb zu hindern; im Abtreten Puerto Ricos an die USA 1898 durch Spanien nach dem spanisch-amerikanischen Krieg. Kurz, die Geschichte zeige, dass durch Gottes Hand ein Land der Freiheit und Möglichkeiten geschaffen wurde.

So sehen die Konservativen die amerikanischen Aktionen unter göttlicher Führung, wenn das Land den Gesetzen und dem Einfluss Gottes folge. Die USA seien ein Leuchtfeuer auf dem Hügel der Welt gewesen – insbesondere der christlichen Welt.

Andererseits glaubt eine bedeutende Anzahl von Amerikanern, dass die USA auf säkularen Ansichten von Freiheit gegründet worden seien. Während die oben aufgeführten territorialen Gewinne der USA Tatsachen sind, sei dies bei der Interpretation nicht der Fall. Es sei vielmehr so, dass die USA die sich bietenden Gelegenheiten zur Expansion genutzt haben, dass es das Schicksal gewollt habe, ein neues Land der Freiheit und der Möglichkeiten zu schaffen. Im Verlauf dieser Entwicklung gab es jedoch erhebliche Menschenrechtsprobleme: Wie bereits erwähnt, wurden 400.000 Sklaven in die USA gebracht. Millionen von amerikanischen Ureinwohnern wurden getötet, ihr Land gestohlen und die verbleibenden Stämme in beengte Reservate verdrängt, angeblich mit den Rechten unabhängiger Nationen. Millionen von Einwanderern kamen in die USA, um in Fabriken, Farmen und Ausbeuterfirmen zu schuften. Schließlich entstand eine starke, lebhafte Mittelschicht.

Dies sind zwei verschiedene Sichtweisen der Amerikaner auf sich selbst.

Dazu kommen noch einige weitere Sichtweisen.

Die großartigste Generation

Am Ende des Zweiten Weltkriegs akzeptierten viele Deutsche, Japaner und Italiener, dass sie den Krieg verloren und die Amerikaner, Briten, Kanadier, Australier, Neuseeländer, Russen und andere gewonnen hatten. Die Deutschen, Japaner und Italiener gingen dann an die Arbeit. Sie bauten fleißig ihre Städte, Fabriken, Bildungseinrichtungen und Sozialsysteme um und wieder auf. Sie schufen eine Denkweise, die sich auf die Schaffung einer glänzenden Zukunft konzentrierte.

Andererseits blicken die Amerikaner nostalgisch auf den japanischen Angriff am 7. Dezember 1941 auf Pearl Harbor zurück – dass sie eine Armee, eine Luftwaffe und eine Marine aufstellen konnten, um sowohl gegen Deutschland als auch gegen Japan zu kämpfen. Ohne das amerikanische „Arsenal der Demokratie", das Waffen, Munition, Schiffe, Lastwagen, Panzer, Flugzeuge und Soldaten lieferte, hätten die Briten, Kanadier und viele andere Verbündete zusammen mit den Russen den Zweiten Weltkrieg wahrscheinlich nicht gewonnen. So blicken die Amerikaner mit der Nostalgie auf den Zweiten Weltkrieg zurück, die ihre Anstrengungen, Entbehrungen und Opfer ihrer Vorfahren, die zum Sieg führten, verherrlicht. Viele Filme und Bücher vermitteln ein berechtigtes Siegesgefühl, das viele Amerikaner mit Stolz auf das erfüllt, was ihre Vorfahren geleistet haben, bevor sie nach Hause kamen, um ein wirtschaftliches Wunder zu vollbringen: Sie schufen eine breite neue Mittelschicht, der Annehmlichkeiten und Ausbildungsmöglichkeiten zuteilwurden, wie sie in der Geschichte der Zivilisation praktisch unbekannt waren. So wurde diese Generation als „The Greatest Generation", „die großartigste Generation" bekannt.

Im Gegensatz zu den Deutschen, Japanern und Italienern zum Ende des Zweiten Weltkriegs sehen sich viele Amerikaner nun befriedigt als Teil dieser „großartigsten Generation". Als Gruppe sind sie sich vage bewusst, dass der Rest der Welt fleißig daran arbeitet, mehr Wohlstand für sich selbst zu schaffen, und in einigen Fällen mehr Wohlstand pro Kopf erwirtschaftet als die Amerikaner jetzt.

Dieser schleichende Verlust schlüpft in die amerikanische Psyche, die sich natürlicherweise zur positiven Bestimmtheit derer hingezogen fühlt, die Amerika wieder großartig zu machen versprechen – „Make

America Great Again". Denn es gebe ja kein anderes Land wie die USA, das massiven Wohlstand für seine Bevölkerung geschaffen hat: „Wir haben es schon einmal getan. Wir können es wieder tun."

Die Welt für Freiheit begeistert, aber jetzt ...

Im Zentrum des amerikanischen Empfindens steht das Verständnis, dass die Amerikaner die Welt für Freiheit und Möglichkeiten begeistern. Dass der Rest der Welt so sein möchte wie sie. Deshalb sind Millionen von Menschen in die USA gekommen und wollen es immer noch.

Nach dem Ersten Weltkrieg zogen sich die USA von der Weltbühne zurück und waren zufrieden damit, nach innen gerichtet zu sein und George Washingtons Rat zu befolgen, sich von dauerhaften Allianzen mit fremden Nationen fernzuhalten.[87]

Dieser Sinn für Isolationismus ist ein Kerngefühl in den USA, zumal Amerika an der Ost- und Westküste von zwei Ozeanen begrenzt wird und im Norden durch ein freundliches, ruhiges Land. Nur im Süden verorten viele Amerikaner Eindringlinge, die Jobs und das wegnehmen wollen, wofür die USA stehen. Während Woodrow Wilson also beim Aufbau des Völkerbundes half, entschieden sich die USA nach innen und traten diesem selbst nicht bei. Einige glauben, dass Wilson sich durch den Kampf so sehr verausgabt habe, dass er so krank wurde, dass er für den Rest seiner Amtszeit praktisch nicht mehr als Präsident wirken konnte.

Franklin D. Roosevelt erkannte in den 1930er Jahren die weltweite Bedrohung durch Deutschland und Japan. Auf verschiedene Weise unterstützte er die Briten, doch erst nach dem Angriff auf Pearl Harbor betraten die USA die Weltbühne als militärische und politische Macht.

---

87 (Sarah Pruitt – George Washington Warned Against Political Infighting in His Farewell Address 2020)

Dies führte zur Einrichtung verschiedener Organisationen wie der NATO und der SEATO, dem Marshall-Plan zur Wiederbelebung Europas, dem Bretton-Woods-System, dem Allgemeinen Zoll- und Handelsabkommen und vielen anderen internationalen Maßnahmen.

Vom Beginn des Zweiten Weltkriegs bis etwa 2016 führten die USA die freie Welt an. Seitdem ziehen sie sich zurück und werden ein egozentrisches Land, das sich nur um seine eigenen Angelegenheiten kümmert.

Dennoch glauben große Teile der USA inbrünstig an die Größe ihrer Nation. Mit Stolz wird das Sternenbanner geschwenkt und „USA, USA, USA!" skandiert, mit einer Streitmacht, die etwa 45% des gesamten Militärbudgets der Welt und 15% des US-Haushalts ausmacht.[88] Ein amerikanischer Generalleutnant sagte jedoch: „Fettleibigkeit ist ein nationales Sicherheitsproblem"[89], was sich über das Militär hinaus auf die amerikanische Gesellschaft bezieht. Diese leistet sich die höchsten Krankheitskosten pro Kopf, wobei die Behandlungserfolge zu den schlechtesten gehören.[90] Entsprechend rangiert das US-amerikanische Bildungssystem unter den schwächsten aller Industrienationen, wobei große Anstrengungen unternommen werden, um das öffentliche Bildungssystem vollständig abzubauen oder zu zerstören.[91] Die USA büßen ihre starke Stellung in Handel, Technologie, Knowhow und Institutionen zunehmend ein.[92]

---

88 (Peter G. Peterson Foundation – U.S. Defense Spending Compared to Other Countries 2020)
89 (Mark Hertling, Lieutenant General – Obesity is a National Security Issue 2012)
90 (Peter G. Peterson Foundation – How Does the U.S. Healthcare System Compare to Other Countries? 2019)
91 See Chapter 5, God, Destroy Public Education
92 (Antony J. Blinken and Robert Kagan – Brookings – 'America First' is only making the world worse. Here's a better approach. 2019)

Inzwischen sind sich die Liberalen dieser Probleme bewusst, können sie aber nicht effektiv angehen. Im Ergebnis drücken sich die USA davor, fundamentale Schwierigkeiten überhaupt in Angriff zu nehmen, und geben ihre weltweite Führungsrolle auf. Bereitwillig übernehmen sie die Ansichten der CPAC:

Conservative Political Action Conference (CPAC)

Die „Konservative Konferenz für politische Aktionen" (CPAC) ist nach eigenen Angaben „die größte und einflussreichste Versammlung von Konservativen der Welt. Die CPAC wurde 1974 gegründet und bringt einmal im Jahr Hunderte konservativer Organisationen, Tausende von Aktivisten, Millionen von Zuschauern und die besten und klügsten Führungspersönlichkeiten der Welt zusammen. Über 19.000 Menschen nahmen an der CPAC 2019 teil […] 60% der Teilnehmer erlebten die Konferenz zum ersten Mal, davon war die Hälfte im College-Alter und jünger."[93]

Erklärte Hauptanliegen sind der Kampf gegen den Sozialismus, Pro-Life (Anti-Abtreibung) und aktuell die Bekämpfung des „Obama-Putschs gegen Präsident Trump".[94]

Die Tagesordnungspunkte der Konferenz 2020 beinhalteten:[95]

Das Schicksal unserer Kultur und unserer Nation steht auf dem Spiel
- Der Putsch gegen die Republik
- Die Übernahme unserer Kultur durch die Linke

---
93 (Conservative Political Action Conference 2020)
94 (Conservative Political Action Conference 2020)
95 (Conservative Political Action Conference – Agenda 2020)

KAPITEL 6 – LAND   69

- Bedrohung des Wahlkollegiums
- Gegen das nationale Popular-Vote-Schema
- Schutz der Wahlurne & Vereitelung der Wahlbetrugsmaschine der Linken
- Wie die Linke Gewaltakte rechtfertigt
- Schutz des zweiten Verfassungszusatzes (Recht auf Waffen)
- Redefreiheit in Amerika ... und wie wir sie verlieren
- Die Gerichte sind manipuliert
- Social Media als Waffe
- Was bleibt ohne Religionsfreiheit übrig?
- Die Bemühungen von Big Media, konservative Rede im Internet abzustellen

Sozialismus: Zerstörer der Nationen und Vernichter der Gesellschaften

- Den Sozialismus stoppen: Die sozialistische Verschwörung zur feindlichen
- Übernahme Amerikas aufdecken und besiegen
- Rezept zum Scheitern: Die Krankheiten der verstaatlichten Medizin
- Die Katastrophe des kostenlosen Colleges
- Verdoppelung der Steuersenkungen
- Die Zukunft der Familie
- Die Adoption feiern!
- Anderen helfen, die mächtigste Propagandataktik der Linken zu erkennen

Der globale Kampf um Ressourcen und die sozialistische Achse des Bösen im 21. Jahrhundert

- Was wirklich an unserer Südgrenze passiert
- E Pluribus ... Von vielen, was?
- Belohnung von Gesetzesbrechern: Schutzgebiete und löchrige

Grenzen
- Israel: Wie sollte die Landkarte aussehen?
- Pro-Israel sein
- Die Klima-Lüge besiegen
- Eine CO2-Klimakrise?

Unter den vielen konservativen Gruppen, welche die CPAC-Agenda unterstützen, aber von der CPAC nicht offiziell anerkannt werden, befindet sich auch der weiße Nationalismus.

Weißer Nationalismus

Von den 1970er Jahren bis heute macht sich bei vielen Amerikanern das Gefühl breit, die Liberalen hätten ihre Religion und das Recht auf Waffenbesitz angegriffen, ihre Redefreiheit beeinträchtigt, ihr wirtschaftliches Wohl geschmälert, ihre Arbeitsplätze ausgelagert und sich der „Neuen Weltordnung" ergeben. Weiter zerstörten die Liberalen die amerikanische Wirtschaft mit Angstmeldungen zum angeblichen globalen Klimawandel und indem sie den Faulen mehr gäben als angemessen. Gleichzeitig sieht man die Kaufkraft erheblich sinken und den Anteil der weißen Bevölkerung von 90% im Jahr 1950 auf prognostizierte unter 50% bis 2050 zurückgehen. Aus diesen Gründen wenden sich viele dem weißen Nationalismus zu; man vermutet in ihm einen Weg zur Verbesserung der eigenen Position und eine Rückkehr zu der Zeit, als Amerika großartig war – manchen Lesern wahrscheinlich vertraut als „Make America Great Again".

Das inoffizielle nationale Motto lautete von der Zeit der amerikanischen Revolution bis 1956 „E pluribus unum" – „Aus vielen Eines". Es findet sich auf dem nationalen Siegel und dem Bargeld. Aufgrund des Kalten Krieges mit Russland und um zu betonen, dass Gott auf der

Seite der Amerikaner stehe, wurde das Motto in „In God We Trust" geändert und ab 1957 auf alle amerikanischen Geldscheine und Münzen gedruckt.[96] Ein Ergebnis der subtilen Veränderung war, dass die USA allmählich den Fokus auf die Integration vieler verschiedenartiger Menschen verloren, was eine Stärke gewesen war. Es verstärkten sich auch stillschweigend die Vorbehalte vieler, aber nicht aller Weißer, gegen Minderheiten wie Afroamerikaner, Hispanics, amerikanische Ureinwohner, Amerikaner asiatischer Abstammung und die meisten Ausländer. Die Veränderung war symbolischer Art, aber die Veränderung von Symbolen ist wirksam.

Weiße Nationalisten gehören in der Regel ultra-konservativen Kirchen an, die darum kämpfen, die „Seele der USA" – wie sie sie sehen – zu retten. Sie glauben, dass Christus der Herrscher der USA sein sollte; dass die USA nur für Weiße sein sollten; dass christliche Prinzipien wie die weitgehende Freiheit von staatlicher Einmischung das seien, was die große US-amerikanische Nation geschaffen habe. Sie glauben leidenschaftlich an ein starkes Militär und eine starke Polizeimacht. Zum Selbstschutz müsse man Waffen besitzen, denn auf staatlichen Schutz vor verschiedenen Formen der Tyrannei und vor Notfällen könne man sich nicht verlassen. Viele haben eine romantisch verklärte Sicht auf die US-Geschichte als die des rauen Selfmade-Mans und Einzelkämpfers, eines Menschen, der sein Haus errichtete, sein Land bewirtschaftete und frei leben und denken konnte, wie es ihm gefiel.

Sie schreiben die Geschichte und die Mythen der USA um, um sie mit ihren Ansichten in Einklang zu bringen und ihren Kindern ihre wahre Geschichte, den Glauben und das Bedürfnis nach Unabhängigkeit beizubringen. All dies ist zusammengefasst das, was mit amerikanischem

---

96 (Wikipedia – In God We Trust 2020)

Exzeptionalismus gemeint ist: Dass die USA ein großartiges Land seien, weil weiße Menschen an Jesus glaubten und ihm ihr Leben hingaben. Dass das Land auseinanderfalle, weil böse Liberale Ausländern erlauben, ihnen Jobs, Rechte und Religion wegzunehmen.

Daher meinen sie Waffen zu brauchen, um diese Rechte zu schützen.

KAPITEL 7

Waffen

Wie in Kapitel 1, „Freiheit", beschrieben, stellten Siedler in den Jahren 1500-1800 selbst ihren Nahrungserwerb sicher, schützten sich vor Dieben und schlugen sich sowohl mit anderen europäischen Nationen als auch mit Indianern. Ohne Waffen hätten sie wahrscheinlich nicht überlebt. Zu jener Zeit waren Waffen für die Siedler vermutlich Werkzeuge, wie es für Menschen heute Hammer und Schraubenzieher, Öfen, Autos und Computer sind. Das ist ganz natürlich, die Werkzeuge sind einfach da. Entsprechend betrachten Millionen Amerikaner Waffen als einen natürlichen Teil ihres Lebens. Sie sind einfach da.

Die Frage nach dem Waffenbesitz oder dessen Einschränkung erregt in den USA die Gemüter. Die Kluft ist tief und zeigt sich normalerweise immer dann, wenn es eine Schießerei in die Berichterstattung der Massenmedien schafft. Nachdem die Aufregung sich gelegt hat, wendet sich das politische Interesse anderen Themen zu.

Millionen von Wählern richten ihre Entscheidung einzig an der Waffenfrage aus. Diese ist ihre einzige Sorge und sie geben einem

Kandidaten ihre Stimme ausschließlich nach seinem Standpunkt zu Waffenbesitz und -gebrauch. Viele wählen also nur Republikaner, weil Republikaner das Recht auf Waffenbesitz schützen. Einige andere wählen nur Demokraten, weil sie der Meinung sind, dass Demokraten das Waffenproblem irgendwann lösen werden. Sowohl Republikaner als auch Demokraten gewinnen und verlieren Wahlen aufgrund ihres Fokus auf Waffen.

Eine mächtige Lobbygruppe in Washington, D.C. und in den Bundesstaaten ist die National Rifle Association (NRA). Diese gibt Millionen von Dollar zur Sicherung des Rechts auf Waffenbesitz aus und sorgt dafür, dass der 2. Verfassungszusatz (Recht auf Waffenbesitz) weder geschwächt noch abgeschafft wird. Sie setzt sich auch für einen sicheren Umgang und Training an der Waffe ein.

Konservative sagen: „Liberale wollen die Waffen wegnehmen"; „Geben wir ihnen nur einen Fingerbreit nach, werden sie uns die Waffenrechte Stück für Stück und schließlich ganz entziehen"; „Wenn den gesetzestreuen Bürgen die Waffen weggenommen werden, haben nur noch die Kriminellen welche"; „Wir müssen uns all ihren Versuchen widersetzen, Waffen zu kontrollieren, sonst haben wir bald gar keine mehr."

Liberale behaupten, keine Waffen wegnehmen zu wollen. Vielmehr wollen sie Menschen durch sinnvolle Waffenkontrolle schützen. Die Liberalen präsentieren jedoch globale Lösungen, die die spezifischen, durch Schusswaffen verursachten Todesarten nicht verhindern. So werden beispielsweise durch das verpflichtende Wegschließen, zusätzliche Auslösesperren, Fingerabdruckgeräte, die Registrierung aller Schusswaffen und zusätzliche Waffenscheine die zwei häufigsten Schusswaffentode – der Selbstmord und die absichtliche Tötung – nicht verhindert.

Diese Hardcore-Positionen verhindern eine unvoreingenommene Analyse des Problems. Außerdem können die Statistiken mehr als verwirrend sein. Hier ist eine statistische Übersicht über das Jahr 2017:
- 39.773   Todesfälle durch Gewehre und Pistolen
- 60%   Selbstmord (23.854)
- 37%   Mord (14.542)
- 3%   Sonstige (Unfall, Strafverfolgung, unbestimmt, jeweils ca. 400)[97]

Das FBI definiert vier oder mehr Todesfälle in einem Vorfall als Massenmord. 383 Menschen starben 2018 in den USA bei Massenmorden.[98]

Wie bei allen Statistiken und Bemühungen, sie zu verbessern, steckt der Teufel im Detail. Obwohl es vielen abstoßend vorkommt, betrachten manche Menschen Selbstmord als ein persönliches Recht im Rahmen der eigenen Wahlfreiheit und meinen, dass Menschen aus verschiedenen Gründen ihr Leben beenden wollen und das Recht dazu haben sollten. Andere glauben, dass Selbstmord ein Hilferuf sei, wieder andere, dass es gegen Gottes Willen und eine Sünde sei, sich selbst zu töten. Ohne näher auf diese Fragen einzugehen, können wir feststellen, dass Selbstmord zwar ein zutiefst persönliches Thema ist, sich seine Verübung aber mit Sicherheit auch auf andere auswirkt.

Welche Maßnahmen könnten es dem Volk ermöglichen, seine Waffen zu haben und gleichzeitig die Zahl der Selbstmorde zu verringern? Insbesondere, wenn diejenigen, die Waffen zur Selbsttötung benutzen, nicht über die Ressourcen verfügen, ihrem Leben eine positive Richtung zu geben? Wenn sie nicht wissen, wie sie um Hilfe bitten sollen, tief

---

97 (John Gramlich – Pew Research Center – What the data says about gun deaths in the U.S. 2019)
98 (John Gramlich – Pew Research Center – What the data says about gun deaths in the U.S. 2019)

in Depressionen stecken und die Gesellschaft gar nicht den Wunsch hat, mehr als 20.000 Menschen pro Jahr zu helfen, die sich selbst mit Schusswaffen das Leben nehmen?

In der Mordstatistik werden die Tötung von Familienmitgliedern oder anderen Personen im Affekt oder im Streit, die gegenseitige Ermordung Krimineller untereinander und Tötungen durch geistig minderbemittelte Personen sowie andere Kategorien in einen Topf geworfen. Die Aufschlüsselung dieser Daten aus den fünfzig Bundesstaaten ist weder eindeutig noch einheitlich möglich. Offenbar sind an etwa 60% aller Tötungen kriminelle Handlungen mit Schusswaffen beteiligt. Wenn ein Krimineller eine Schusswaffe verwendet, besteht also eine hohe Wahrscheinlichkeit, dass jemand verletzt oder getötet wird.

Zahlreiche Gruppen, wie beispielsweise die American Psychological Association, haben eine Reihe von Ansätzen zur Reduzierung der Todesfälle durch Schusswaffen beschrieben.[99] Aufgrund der festgefahrenen politischen Verhältnisse, der religiösen Ansichten und der Ansichten über Freiheit, aufgrund mangelnder Finanzierung, medizinischer Vertraulichkeit und möglicher Rechtsstreitigkeiten ist es in den USA jedoch weiterhin schwierig, tragfähige Mittel zur Reduzierung von Waffengewalt zu finden.

Europäer und andere Länder verstehen die amerikanische Liebe zu Waffen nicht. Sie verstehen jedoch die Amerikaner, die Waffen nicht mögen.

Sowohl die Liebe als auch der Hass gegenüber Waffen sind Teil der amerikanischen DNA und der amerikanischen politischen Intrigen …

---

99 (American Psychological Association – Gun Violence: Prediction, Prevention, and Policy 2013)

KAPITEL 8

Politische Intrigen

Die Republikaner glauben, dass Politik ein rauer Kontaktsport sei. Aus diesem Grund, und da sie für die Seele der USA kämpfen, ist jeder, der nicht ihrer Meinung ist, der Feind, und da es sich um einen Krieg handelt, ist für den Sieg jedes Mittel recht. Zwar würden die meisten von ihnen dies abstreiten, dabei aber mit den Augen zwinkern und der Opposition der Schuld an allen Missständen in den USA geben. Auf der anderen Seite träumen die Demokraten davon, zu gewinnen, weil sie die Zahlen auf ihrer Seite haben und im Glauben sind, im besten Interesse der USA zu handeln. Infolgedessen sind ziviler Diskurs und echte Staatsmänner aus den USA verschwunden.

Dies erklärt in Grundzügen die politischen Ränkespiele bei Abstimmungen, in den politischen Aktionskomitees, bei der Einmischung Russlands und Chinas, in Religionsfragen, beim öffentlichen Pensionsfonds und beim globalen Klimawandel.

Abstimmungen

Einige der politischen Intrigen bei der Abstimmung beziehen sich auf das Kräfteverhältnis, das Wahlkollegium, die zwei Kammern des

Kongresses, den Obersten Gerichtshof, das Gerrymandering, die Unterdrückung von Wählern und die Wahlbeteiligung.

Machtverhältnisse

Für Nichtamerikaner ist es schwierig, das nationale Wahlsystem der USA zu verstehen. Ursprünglich wurde es eingerichtet, um die Machtverhältnisse zwischen großen und kleinen Bundesstaaten auszugleichen. Es bestand die Sorge, dass sich Präsidentschaftskandidaten nur auf die großen Staaten konzentrieren und die kleineren Staaten missachten würden, wenn die Mehrheitsverhältnisse ausschließlich auf der gesamten Volksabstimmung beruhen würden. Hierdurch hätten die großen Staaten mehr Einfluss auf die Gesetzgebung bekommen als die kleinen. Es war also ein System erforderlich, das die Kräfte zwischen den großen und kleinen Staaten ausbalancierte. So schuf der Verfassungskonvent das Wahlkollegium, zwei Kongresskammern und den Obersten Gerichtshof.

Präsidentschaftswahlen und das Wahlkollegium

Für die Präsidentschaftswahl schuf der Verfassungskonvent das Wahlkollegium. Es tritt einmal alle vier Jahre zusammen. Seine Mitglieder werden Wahlmänner genannt, diese werden von den Parteiversammlungen auf Bundesstaatsebene oder durch Abstimmung vom jeweiligen Bundesstaats-Parteiausschuss nominiert. Für jeden Kongressabgeordneten und jeden Senator gibt es einen Wahlmann. Insgesamt besteht der Kongress aus 535 Abgeordneten, darunter 435 Kongressabgeordnete (Gemeint sind damit nur Mitglieder der einen Kammer, des sog. Abgeordnetenhauses, Anm. d. Übers.) und 100 Senatoren. Zusätzlich erhält der District of Columbia (Bundesdistrikt, Gebiet der Bundeshauptstadt Washington, D.C., das keinem Bundesstaat, sondern direkt dem Bund zugeordnet wird, Anm. d. Übers.) drei Stimmen, was zu einer Gesamtzahl von 538 führt. Somit sind 270 Wahlmännerstimmen erforderlich, um eine Präsidentschaftswahl zu gewinnen.

Auf den ersten Blick mag dies unkompliziert wirken, ist es aber leider nicht. In den letzten zwei Jahrhunderten haben Kongressabgeordnete über achthundert geringfügige Änderungen am Aufbau des Wahlkollegiums vorgeschlagen, von denen nur eine gebilligt wurde.[100]

Es gibt mehrere schwerwiegende Probleme im Zusammenhang mit den nationalen Wahlen, die auch an die lokalen Abstimmungen anknüpfen. Ein Schlüsselfaktor ist das US-amerikanische Konzept der Freiheit, das zu Staatenrechten wird (vgl. Kapitel 1, Freiheit). Jeder Bundesstaat hat also das Recht, darüber zu entscheiden, *wie* seine Wählmänner bestimmt werden, die offiziell Stimmen für den Präsidenten der USA abgeben. Einige Staaten geben die gesamten Wahlmännerstimmen demjenigen Kandidaten mit der Mehrheit der Wählerstimmen des Bundesstaates. Zum Beispiel entsendet Florida 23 Kongressabgeordnete und 2 Senatoren, von denen jeder eine Stimme bekommt. Florida hat somit 25 Stimmen im Wahlkollegium. Diese 25 Wahlmännerstimmen gehen dann an denjenigen Präsidentschaftskandidaten, der die meisten Wählerstimmen in Florida erhalten hat. Bei den Wahlen im Jahr 2000 in Florida wurden sechs Millionen Einzelstimmen aus der Bevölkerung abgegeben, von denen auf George W. Bush 537 mehr als auf Al Gore fielen. Dieser minimale Vorsprung genügte Bush, um die gesamten 25 Stimmen des Wahlkollegiums für Florida auf sich zu vereinen. So gewann er die Präsidentschaftswahl mit 271 Wahlmännerstimmen, obwohl USA-weit 543.000 Wähler weniger für ihn gestimmt hatten als für Gore.[101]

---

100 (Foner 2020)
101 (Wikipedia – United States presidential elections in which the winner lost the popular vote 2020)

Die Bundesstaaten Maine und Nebraska dagegen geben dem Präsidentschaftskandidaten die Wahlmännerstimmen auf der Grundlage des Prozentsatzes, den jeder Kandidat im Bundesstaat angesammelt hat. Es gibt politischen Druck, den gleichen Prozess in mehr Bundesstaaten einzuführen. Die Idee dahinter ist, dass die Verteilung der Wahlmännerstimmen dadurch repräsentativer für den Bundesstaat ist.

Wenn im Beispielfall Florida die 25 Wahlmännerstimmen aufgeteilt worden wären, etwa 13 für Bush und 12 für Gore, hätte die Präsidentschaftswahl anders ausgehen können.

Die Auseinandersetzung um Florida ging mit ihren komplizierten und umstrittenen rechtlichen und politischen Streitigkeiten, die bis heute andauern, bis vor den Obersten Gerichtshof der Vereinigten Staaten.[102]

Nur wenige wissen, dass es keine verfassungsrechtliche Vorschrift gibt, wie die Bundestaaten ihre Wahlmänner für das Wahlkollegium zu bestimmen haben. Das Parlament eines Bundesstaats könnte seine Stimmen ganz ohne Rücksicht auf eine bundesstaatsweite Wahl abgeben – also ohne eine Wählerbefragung.

Ein häufig geäußerter Kritikpunkt am Wahlkollegium lautet, dass die Anzahl der Wahlmännerstimmen, die jedem Bundesstaat zustehen, zwar von seiner Bevölkerungszahl abhängig ist, jedoch mindestens eins beträgt. Da jeder Staat zwei Senatoren stellt, hat jeder Staat im Wahlkollegium mindestens drei Stimmen für die Wahl des Präsidenten. Dies hat zur Folge, dass in bevölkerungsärmeren Bundesstaaten und dem Bundesdistrikt rund 200.000 Wahlberechtigte auf einen Wahlmann kommen, in den bevölkerungsreichsten dagegen mehr als 600.000.

Ein weiteres Problem, das von Zeit zu Zeit auftritt, ist, wenn ein Wahlmann nicht gemäß dem Wahlergebnis abstimmt. Ein Wahlmann,

---

102 (Wikipedia – Bush v. Gore 2020)

der nach seinem eigenen Gewissen abstimmt und das Votum der Wähler in seinem Bundesstaat missachtet, wird als „Faithless Elector" („Treuloser Wahlmann") bezeichnet. Obwohl die wenigen Faithless Electors in der Geschichte der USA bisher nie einen Einfluss auf den Ausgang einer Präsidentschaftswahl hatten, kann dies in Zukunft zu einem Problem werden. Über den legalen Status eines Faithless Electors können nur die Gerichte entscheiden.

Zwei Kongress-Kammern

Um die Macht zwischen den großen und den kleinen Staaten auszugleichen, schuf die Verfassungskonvention das Repräsentantenhaus und den Senat. Jedes Mitglied des Repräsentantenhauses vertritt ungefähr 700.000 Menschen.[103] Jedem Staat wird mindestens ein Sitz in dieser Kammer garantiert. Im Prinzip schlägt das Repräsentantenhaus Gesetze vor und sendet sie dann zur Genehmigung und Änderung an den Senat (sog. Reconciliation-Verfahren).

Jeder Staat stellt zwei der insgesamt 100 Senatoren im Senat. Dieser leistet auch gesetzgeberische Arbeit und genehmigt Ernennungen zum Kabinett des Präsidenten, zu Bundesgerichten, Militärposten, anderen Bundespositionen und vor allem zum Obersten Gerichtshof.

Oberster Gerichtshof

Der Senat bestätigt die Ernennung auf Lebenszeit der Mitglieder des Obersten Gerichtshofs und der unteren Bundesgerichte. Folglich besteht großes Interesse am Nominierungsprozess und es kommt zu Ränkespielen. In den letzten 60 Jahren sind die Nominierungen für den Obersten

---

103 (Wikipedia – United States congressional apportionment 2020)

Gerichtshof zunehmend politischer geworden. Wenn die Republikaner den Senat kontrollieren, bringen sie im Gericht einen Richter unter, der unternehmerfreundlich und konservativen Christen gewogen ist. Das Gegenteil geschieht, wenn der Senat demokratisch dominiert wird.

Für jeden Kandidaten durchleuchten Teams von Republikanern auf der einen Seite und Demokraten auf der anderen Seite jedes Dokument, jede Rede, jeden Artikel und jedes einzelne Zeugnis aus dreißig Jahren Vergangenheit, bisweilen gar zurück bis in die Schulzeit des Kandidaten, um ihn entweder zu unterstützen oder zu zerstören. Manchmal läuft der Prozess sehr würdevoll ab und manchmal außergewöhnlich brutal.

Ziel ist es jeweils, eine Person mit genehmen Ansichten für mindestens vierzig Jahre als Mitglied des Gerichts einzusetzen. Selbst wenn Republikaner beziehungsweise Demokraten die Macht zur Nominierung eigener Kandidaten verlieren, behalten sie auf diese Weise auf allen Bundesebenen für die nächsten vierzig Jahre einen Einfluss auf die Gesetzgebung.

So haben Senatoren der Minderheitenfraktion kürzlich versucht, Nominierungen von Richtern durch verschiedene Verfahrenstricks zu verhindern. Republikaner waren bisher mit solchen Aktionen sehr erfolgreich, Demokraten dagegen ziemlich unfähig.

Gerrymandering

Alle zehn Jahre führt die Bundesregierung eine Volkszählung durch und jeder Bundesstaat zieht die Grenzen jedes Abgeordnetenbezirks neu. In jedem Bundesstaat legt die Partei, die aktuell dort an der Macht ist, die Bezirksgrenzen so fest, dass sie entweder die eigene Macht vergrößert oder sie zumindest behält und die Opposition schwächt. Die Parteien kennen die politische Einstellung jedes eingetragenen Wählers, da sich

Einzelpersonen als republikanisch, demokratisch, unabhängig oder einer sonstigen Partei zugehörig registrieren. Auf Basis dieser Information zusammen mit weiteren, inoffiziellen Daten aus legalen und illegalen Erhebungen entscheidet die machthabende Partei, auf welche Weise sie die Anzahl ihrer alle zwei Jahre gewählten Abgeordneten maximiert. Auf diese Weise kann die Partei den Bundesstaat für die folgenden zehn Jahre dominieren. Diese Taktik ist als „Gerrymandering" bekannt.

Im Ergebnis haben viele Wahlbezirke seltsame Formen, die es einem Abgeordneten praktisch unmöglich machen, seinen eigenen Bezirk zu kennen. Manche Bezirke sehen aus wie Mondsicheln.

Auf Bundes- und Bundesstaatsebene hat die machthabende Partei einen großen Einfluss darauf, wer die Richterposten erhält. Auf Bundesebene nominiert der Präsident die Richter und der Senat bestätigt sie. In den fünfzig Bundesstaaten gibt es dagegen im Wesentlichen fünf verschiedene Vorgehensweisen für die Wahl der Richter: So wählt in einigen Bundesstaaten das Volk den Richter, wobei die Parteizugehörigkeit der Kandidaten in manchen Staaten auf dem Stimmzettel angegeben wird, in manchen nicht. Andernorts wiederum wählt das Parlament des Bundesstaates die Richter (was bedeutet, dass die regierende Partei Richter einsetzt, die im Sinne der Parteiinteressen entscheiden werden). In anderen Staaten ernennt der Gouverneur die Richter mit oder ohne Zustimmung seines Parlaments. Ein paar Staaten schließlich verfügen über eine Kommission, die eine Liste erstellt, von der der Gouverneur die Richter auswählt.

Gerrymandering ist für jede politische Partei extrem wichtig. Das Ziel jeder Partei ist die Festigung der eigenen Macht und die Durchsetzung ihrer Agenda im Gesetzgebungsprozess sowie der Schutz dieser Agenda, wenn es Einwände vor Gericht gibt. Dies gilt sowohl auf Bundes- als auch auf Bundesstaatsebene.

Wählerunterdrückung

Republikaner wenden sehr aggressiv eine Vielzahl von Taktiken an, um demokratische Wähler unberücksichtigt zu lassen. Hier sind einige Beispiele: Aus verschiedenen vorgeblichen Gründen entfernen sie Namen aus Wählerregistern. Wer zum Beispiel seit zehn Jahren nicht mehr abgestimmt hat, wird aus dem Wählerverzeichnis entfernt und erst auf fristgerechten Antrag wieder aufgenommen. In vielen Staaten verlieren verurteilte Straftäter ihr Wahlrecht, auch wenn sie ihre Strafe verbüßt haben.[104] Republikanische Lokalverwaltungen platzieren eine unzureichende Anzahl an Stimmabgabegeräten in Teilen von Distrikten, in denen Minderheiten leben, und begründen dies mit dem Schutz vor Wahlbetrug. Sie schaffen Gesetze und Verfahren, die es Minderheiten erschweren, ihre Stimme abzugeben, obwohl es nur sehr wenige Fälle von Wahlbetrug gibt. Es gab jedoch den Anschein eines möglichen Betrugs auf republikanischer Seite: Die Firma Diebold Inc. stellte der acht Prozent der Stimmabgabemaschinen des Landes her. Ihr Geschäftsführer, Walden W. O'Dell, war ein aktiver Unterstützer der Republikaner und des amtierenden Präsidenten George W. Bush. Er sagte: „Ich bin entschlossen, Ohio dabei zu helfen, dem Präsidenten nächstes Jahr seine Wahlmännerstimmen zu liefern."[105] In der Folge wurde Bush wiedergewählt.

Andere Taktiken umfassen das Versenden von Falschinformationen bezüglich des tatsächlichen Wahltermins und -ortes oder eine Beschränkung der Zeitspanne für die vorzeitige Stimmabgabe. Im digitalen Zeitalter ist es darüber hinaus leicht, Desinformationen zu gegnerischen Kandidaten und Themen zu verbreiten – so viele Desinformationen,

---

104 (Thom Hartmann – Does No One Care That 7 Million Votes Were Not Counted? 2017)
105 (Melanie Warner – Machine Politics In the Digital Age 2003)

dass Wähler der anderen Seite gar nicht zur Wahl gehen oder sogar für den falschen Kandidaten stimmen.

Die Fairness-Doktrin von 1949 verlangte von Fernseh- und Radiosendern, kontroverse Themen auf ehrliche, gerechte und ausgewogene Weise zu präsentieren, da es nur wenige Medien gab.[106] Die republikanische Reagan-Regierung behauptete, dies behindere das Recht auf freie Meinungsäußerung (erster Verfassungszusatz) der Medien. Infolgedessen schuf der Kongress 1987 die Doktrin in der Ansicht ab, dass mit dem Aufkommen vieler Kabelnetze und des Privatfernsehens ohnehin alle Meinungen ausgestrahlt werden würden. Selbst wenn die Fairness-Doktrin heute noch am Leben wäre, hätte sie keine Verbindlichkeit für private Fernsehsender und insbesondere die Fox News[107], die von sich behaupten, „fair und ausgewogen" zu sein. In der Folge richteten sich die Medien an verschiedenen politischen Parteien aus, worin eine ganze Reihe von Menschen darin eine Ursache für die extreme Polarisierung der amerikanischen Öffentlichkeit und des amerikanischen Geistes sehen.

Wahlbeteiligung

Die Mitglieder des Verfassungskonvents wollten radikale Umschwünge in der politischen Zusammensetzung der Bundesregierung vermeiden. Also setzten sie die Wahl des Repräsentantenhauses alle zwei Jahre an, die Wahl des Senats alle sechs und die des Präsidenten alle vier Jahre. Die zweijährigen Repräsentantenhauswahlen werden daher als Halbzeitwahlen (zur Hälfte der Amtszeit des Präsidenten) und die vierjährigen Wahlen als Präsidentschaftswahlen bezeichnet. Seit 1948 lag die Wahlbeteiligung bei Präsidentschaftswahlen zwischen

---

106 (Wikipedia – FCC fairness doctrine 2020)
107 (Dan Macguill – Snopes – Did Ronald Reagan Pave the Way for Fox News? 2018)

50% und 60% und bei den Halbzeitwahlen bei etwa 40%. Bei den Halbzeitwahlen 2018 während der Amtszeit von Donald Trump stieg die Wahlbeteiligung jedoch auf 50%.[108] Infolgedessen wechselte das Repräsentantenhaus von republikanisch zu demokratisch.

Wenn also viele Wähler einer Partei die Treue halten, bedeutet der Gewinn einer Wahl einen Vorsprung von wenigen Prozentpunkten, wenn überhaupt. Daher geben Interessengruppen und Kandidaten Millionen von Dollar aus, um weniger als 5% der Wählerstimmen zu gewinnen. Im Durchschnitt kann ein Kandidat für den US-Senat mehr als 20 Millionen US-Dollar ausgeben.[109] Die Gesamtkosten der Präsidentschaftswahlkämpfe betragen inzwischen über zwei Milliarden Dollar.[110]

Bei derart teuren Kampagnen verbringen die Politiker einen bedeutenden Teil ihrer Zeit mit dem Sammeln von Spenden für einen möglichen Sieg. Das bedeutet auch, dass sie den größten Spendern, wie etwa den Politischen Aktionskomitees, sehr genau zuhören.

Politische Aktionskomitees (PACs)

Praktisch jede wirtschaftliche, religiöse oder andere Interessengruppe bildet ein politisches Aktionskomitee, um „lokalen, bundesstaatlichen und föderalen Gesetzgebern dabei zu helfen, Gesetze zu gestalten und für oder gegen Kandidaten und Themen zu werben." Rechtlich gibt es jeweils verschiedene Arten von PACs mit einer Reihe von Finanzregeln. Manche dürfen nur einen bestimmten Betrag pro Person

---

108 (Michael P. McDonald – National Election Project n.d.)
109 (Soo Rin Kim – Open Secrets – The price of winning just got higher, especially in the Senate 2016)
110 (Wikipedia – Campaign finance in the United States 2020)

einwerben, während andere unbegrenzt Geld von Einzelpersonen sammeln können, einschließlich Unternehmen. Letzteres wird immer dominanter. Einige halten Spender geheim, obwohl die Ausgaben öffentlich sein müssen.

Verschiedene Organisationen bilden PACs, wie Autohäuser, Waffenliebhaber, Abtreibungsgegner, Abtreibungsbefürworter, Gewerkschaftsgegner, Gewerkschafter, Banker, Fluglotsen, Bierbrauereien und -vertreiber usw. Denken Sie an ein Thema und es gibt ein PAC dazu!

Diese verschiedenen Gruppen unterstützen oder bekämpfen direkt oder indirekt bestimmte Politiker. Infolgedessen kosten einige Kampagnen Millionen von Dollar, andere Hunderte von Millionen Dollar, einige, wie Präsidentschaftswahlen, kosten Milliarden von Dollar. Wahlkampfausgaben sind das Lebenselixier eines jeden Politikers. Politiker, die weniger als der Gegner ausgeben, können zwar gelegentlich dennoch gewinnen, dies ist aber nicht die Norm.

Das Ergebnis ist, dass die Politiker immer mehr Zeit damit verbringen, Spenden für den nächsten Wahlkampf zu sammeln. Haben sie eine Wahl gewonnen oder verloren, richtet sich der Fokus direkt auf die Finanzierung des nächsten Wahlkampfs. Einige haben das Gefühl, von morgens bis spätabends weit mehr Zeit auf das Einwerben von Geldern verwenden als mit dem Entwerfen von Gesetzen. Folglich verlassen sie und ihre Mitarbeiter sich auf PACs, deren Experten Modellgesetze zu ihrem Fachgebiet bereitstellen. Beispielsweise liefern Ölfirmen Vorschläge zu Gesetzestexten, deren Wortlaut für ihre Interessen günstig ist. Weder die Politiker noch ihre Mitarbeiter haben die Zeit, die nötigen Recherchen zum Thema anzustellen, daher erleben sie dieses System als hilfreich. Andere Interessengruppen, die keine solchen Mittel bereitstellen, sind jedoch der Ansicht, dass ihre Ansichten unter den Teppich gekehrt werden.

Es gab viele Vorschläge, von denen einige umgesetzt wurden, um die Korrumpierung des politischen Prozesses durch Geld zu verhindern. Keiner hat es effektiv geschafft. Ein erfolgreicher Ansatz gelang jedoch dem PAC „Citizens United". Dieses konservative Bündnis erstritt 2010 die Entscheidung des Obersten Gerichtshofs der Vereinigten Staaten, dass Unternehmen Redefreiheit haben und unbegrenzte Mittel für jedes Thema ausgeben können. Infolgedessen erhöhten sich die Ausgaben für Kampagnen für politische Ämter und Themen auf allen Regierungsebenen, von der lokalen bis zur föderalen, dramatisch.

Grundsätzlich gilt: „Wer das Gold hat, regiert." Sowohl politische Amtsträger als auch Kandidaten hören sich die Vorschläge der PACs aufmerksam an.

Ausländische Regierungen beeinflussen zunehmend den politischen Prozess in den USA.

Russland und China

Die USA haben sich in die Politik, die Wirtschaft und die Religionen Mittelamerikas, Afrikas, Asiens und Europas eingemischt. Viele Amerikaner sind jedoch erstaunt und verärgert darüber, dass sich Russland, China, die Ukraine, Nordkorea und andere Länder in die Politik und die Wirtschaft der USA einmischen. Aus irgendeinem seltsamen Grund halten es viele von ihnen für in Ordnung, dass die USA in anderen Ländern Regierungen stürzen, auf verschiedene Themen wie Menschenrechte, Rede- und Pressefreiheit drängen, Abstimmungsprozesse überwachen usw. Sie sind jedoch sehr beleidigt und überrascht, wenn andere Länder in den USA heimlich oder offen dasselbe tun.

In zunehmendem Maße liefern andere Länder falsche Informationen zu einer Vielzahl von Themen, ohne dass dies der durchschnittliche amerikanische Bürger bemerkte, sogenannte „Fake News". Das wesentliche Ziel besteht darin, Zweifel an der Legitimität und der Fähigkeit der US-Regierung zu säen, sowie Kandidaten und Gesetzgebung zu unterstützen, die der jeweiligen ausländischen Instanz wohlwollend gegenüberstehen.

Mit dem wachsenden Einfluss des Internets können automatisierte Programme, sogenannte Bots, Informationen viel schneller erstellen und verbreiten als einige wenige Menschen.

Darüber hinaus greifen ausländische Akteure die Computersysteme von Unternehmen und Regierungen an, um an Finanzdaten über Personen, an Unternehmens- und Regierungsgeheimnisse zu gelangen, Aktionen zu beeinflussen und wichtige Systeme abzuschalten. Bisher gibt es keine Anzeichen dafür, dass sie die Stimmenzahlen bei Wahlen beeinflusst haben könnten, aber mit Unterschieden von nur einem Prozent könnte schon die Entscheidung einer Wahl durch Betrug innerhalb der USA schwierig festzustellen sein, geschweige denn durch Beeinflussungen aus Russland, China, Nordkorea oder der Ukraine. Hier sind hochqualifizierte Leute am Werk, die die Zukunft der USA prägen, und da sie im Rest der Welt dasselbe tun, prägen sie auch Europa, Afrika, Asien, Mittelamerika und Südamerika. Bei der elektronischen Stimmabgabe kann es Zweifel daran geben, dass eine Wahl nicht beeinflusst wurde, und es ist besonders schwierig, diesen vermeintlichen oder echten Betrug von einem Prozentpunkt zu finden.

Mit zunehmender wirtschaftlicher, militärischer und politischer Macht versucht China, seine Interessen durch den Einsatz von sanfter Gewalt weltweit durchzusetzen. China beeinflusst ausländische Unternehmen, und Organisationen, unabhängig davon, ob sie auf dem Festland aktiv sind oder nicht, werden „ermutigt", China positiv darzustellen und zu behandeln. Falls sie dies nicht tun, stellen sich zunächst geringfügigere Folgen ein, die schließlich in echte Nachteile münden. Einerseits stellt die Belt-and-Road-Initiative einen starken Weg zur Verbesserung der Einkommenssituation und der Gesundheit von Millionen von Menschen in Asien, Europa und Teilen Afrikas dar, andererseits ist sie eine subtile Methode, diese Regionen zu beeinflussen und letztlich zu kontrollieren. China handelt historisch weitsichtig im Bewusstsein, dereinst die vorherrschende Weltmacht zu sein.

Religion

Die liberalen Geistlichen sind grundsätzlich nicht am politischen Leben der USA beteiligt. Ihr Interesse gilt sozialen Themen wie Homosexualität, Bildung, Hunger, globalem Klimawandel usw.

Auf der anderen Seite ist der konservative Klerus politisch hoch motiviert und tritt für die Rettung der USA nach dem Willen Gottes und für das Leben nach dem Tod ein. Er will, dass die Lehrpläne an Schulen und alle Gesetze und Programme aus Stadt, Landkreis, Bundesstaat und Nation gemäß ihrer Interpretation der Bibel geschrieben werden. Diese konservativen geistlich-politischen Gruppierungen sind finanziell gut ausgestattet und sehr engagiert. Alle politischen Führer müssen den Test für Pro-Familie, Anti-Homosexualität, Anti-Abtreibung, Pro-Land, Pro-Waffen, biblische Weltanschauung und Pro-Israel (Expansion, Existenzrecht und Jerusalem als Hauptstadt) bestehen. Diejenigen Kandidaten, die mit diesen Fragen nicht einverstanden sind, erhalten keine Unterstützung. Evangelikale Protestanten machen 25%[111] des Landes aus, und zusätzlich tendieren Teile anderer Konfessionen zu konservativ-religiösen Ansichten. Die gesamte fundamentalistische Neigung des Landes könnte etwa 40% betragen. Daher sind die

---

111 (Pew Research Center – Religious Landscape Study 2020)

Konservativ-Religiösen eine starke Kraft, auf die die Republikaner hören. Genau wie Pat Buchanan es vor fast 50 Jahren prophezeite.

Schon vor fünfzig Jahren erwähnten politische Kandidaten Gott und beteten bei politischen Kundgebungen. Im Laufe der Zeit haben sich viele politische Kundgebungen quasi zu religiösen Erweckungsversammlungen gewandelt, bei denen die Kandidaten die gerade aufgeführten Themen ansprechen und das Publikum wild jubelt.

Man könnte meinen, dass Katholiken und katholische Geistliche am politischen Leben der USA beteiligt wären, weil sie hier 51 Millionen Erwachsene repräsentieren. Ihr Anteil an der US-Bevölkerung ist jedoch von 24% im Jahr 2007 auf 21% im Jahr 2014 zurückgegangen. Außerdem vertreten die Katholiken etwa zu gleichen Teilen konservative und liberale Ansichten.[112]

Offiziell ist die katholische Kirche gegen Abtreibung, Sterilisation, alle Formen der Empfängnisverhütung, einschließlich Vasektomien und Hysterektomien, Homosexualität und Sterbehilfe. Ein unbeachteter, ruhiger Bereich mit wachsendem Erfolg und wachsender Macht ist das Gesundheitswesen: Die katholische Kirche kontrolliert 15% der Akutversorgung und 10 der 25 größten Gesundheitssysteme und leistet damit die Gesundheitsversorgung jedes siebten Amerikaners. In vielen Gemeinden ist sie die einzige Quelle für medizinische Versorgung.[113] Sie betreibt mehr als 600 Krankenhäuser und 1.600 Langzeitpflege- und andere Gesundheitseinrichtungen in allen 50 Bundesstaaten. Damit sind die katholischen Krankenhäuser die größten gemeinnützigen

---
112 (David Masci and Gregory A. Smith – Pew Research Center – 7 facts about American Catholics 2018)
113 (Casey Ross – Catholic hospitals are multiplying, and so is their impact on reproductive health care 2017)

Gesundheitsdienstleister des Landes.[114] Darüber hinaus ermutigt die katholische Hierarchie die Mitglieder, in verschiedenen medizinischen Krankenhausgremien zu arbeiten, um die Reichweite der katholischen Moralvorstellungen weiter zu erhöhen. So übernimmt die katholische Kirche sehr langsam und leise die Kontrolle über die US-Krankenhaussysteme.[115] Ziel ist es, dass die meisten US-Krankenhäuser das katholische Weltbild widerspiegeln.

Schließlich haben die sexuellen Missbrauchsskandale die bereits schwindende Autorität des katholischen Klerus und die Finanzen der Kirche erheblich geschwächt. Das Ergebnis ist, dass katholische Führer zwar viel über konservative Themen sprechen und einen gewissen Erfolg damit haben, sie aber keine politische Kraft wie in der ersten Hälfte des 20. Jahrhunderts mehr sind – außer jedoch, wenn sie sich den Konservativen in Bezug auf Sexual- und Sterbehilfe-Politik anschließen, wo sie gerade genug Prozentpunkte an Stimmen beitragen, damit die konservative Position gewinnt.

So spielen die protestantischen konservativen Konfessionen zusammen mit einigen Katholiken eine bedeutende Rolle in der US-Politik und treiben die politische Landschaft wie eine Flut in Richtung einer konservativen Theokratie vor sich her. Trotzdem behaupten die Geistlichen, dass die bösen liberalen Medien und die liberale Religion sie verfolgten. Sie kennen Pat Buchanans Aussage sehr gut: „Die Republikanischer wissen, dass sie ohne uns nicht gewinnen können. Also werden sie tun, was wir ihnen sagen."[116]

---

114 (Catholic Health Association of the United States 2020)
115 (Hafner, Katie – As Catholic Hospitals Expand, So Do Limits on Some Procedures 2018r)
116 Eine Aussage, die ich Pat Buchanan Ende der 1970er Jahre in einem Fernsehinterview tätigen hörte.

In der Zwischenzeit ist der liberale Klerus eine vielfältige Gruppe, die still und leise beobachtet, wie ihre Kirchgemeinden, Dienstpläne, Schulen und Seminare wie der Morgennebel verschwinden, während sie das Licht ausschalten, ermutigende Worte für die Zukunft murmeln und auf den Ruhestand hoffen. Leider sinken für viele von ihnen die Mittel für den Ruhestand, wenn die Gemeinden schrumpfen und verschwinden.

Öffentliche Pensionskassen

Es gibt auch schwerwiegende Probleme mit öffentlichen Pensionsfonds wie den bundesstaatlichen Programmen zur Altersvorsorge für Lehrer, bundesstaatlichen Pensionsprogrammen für Mitarbeiter, der staatlichen Postdienst der USA (USPS) sowie der Sozialversicherung und Medicare.

Zum Beispiel verabschiedete der Kongress 2006 ein Gesetz, nach dem der USPS verpflichtet ist, innerhalb von zehn Jahren Gesundheitsleistungen für Rentner im Wert von 75 Jahren vorzufinanzieren – Kosten in Höhe von ca. 110 Milliarden US-Dollar. Obwohl das Geld für künftige Postrentner reserviert werden sollte, wurden die Mittel stattdessen zur Tilgung von Staatsschulden umgeleitet. Kein anderes privates Unternehmen und keine andere Bundesbehörde muss die Gesundheitsleistungen in einem vergleichbaren Zeitplan vorfinanzieren. Dieses Mandat, die Verwendung der Mittel für andere Zwecke und die mangelnde Kontrolle sind für die gesamten finanziellen Verluste des USPS seit 2013 verantwortlich.[117]

Die gleichen Probleme plagen andere öffentliche Altersversorgungssysteme. Von Zeit zu Zeit verkünden einige Gruppen lautstark, das beliebte Rentensystem des Militärs erneuern zu wollen.

---

117 (Peter Defazio – US Congressman 2020)

Ähnlich sieht es bei den bundesstaatlichen Pensionskassen und dem Treuhandfonds für soziale Sicherheit aus. Beispielsweise verwendet, wie beschrieben, die Bundesregierung die angesammelten Rücklagen für andere staatliche Ausgaben wie etwa das Militär. Ein Teil des Problems besteht darin, dass die Pensionsbeiträge eingezogen werden und dann die verschiedenen Parlamente der Bundes- und Bundesstaatsregierungen sagen: „Wir können die Mittel, die gerade brachliegen, besser nutzen. Wenn es soweit ist, werden wir sie zurückzahlen." Dies geschieht jedoch nicht. Stattdessen wird „Missmanagement" geschrien und die Schuld an den Problemen dem USPS, der Sozialversicherung oder sonst jemandem zugeschoben.

Einige schlagen vor, die Systeme zu privatisieren, die Mittel also in verschiedene Programme am Aktienmarkt zu investieren. Hierdurch werden die Börsenkurse künstlich aufgewertet, wodurch eine Zeit lang viele Aktionäre, Unternehmen und Unternehmensführer profitieren.

Politiker schieben Probleme also einfach auf die lange Bank, damit sich andere Politiker irgendwann darum kümmern, so, wie sie es mit dem globalen Klimawandel tun.

Globaler Klimawandel

Die Bundesregierung der USA ignoriert und unterdrückt aktiv die Berichterstattung und das Ergreifen von Maßnahmen zur Abwendung des globalen Klimawandels. Die Republikaner halten den vom Menschen verursachten globalen Klimawandel für einen gewaltigen Schwindel: Das Klima ändere sich auf natürliche Weise und die Öffnung des arktischen Seewegs werde den Unternehmen helfen, da dadurch der Schiffsverkehr und der Zugriff auf die ausgedehnten Ölvorkommen unter dem polaren Eis und Schnee erleichtert werden. Die Trump-Regierung verbietet jegliche Erwähnung des globalen Klimawandels, verwehrt den Zugang zu Daten, die diesen belegen, und entlässt Funktionsträger, die gegen diese Weisungen verstoßen oder sich öffentlich äußern.

Auf der anderen Seite stellen Wissenschaftler und viele Demokraten sanftmütig fest, dass sich das Klima ändert. Gelegentlich wachen diese auf, sind dann aber damit beschäftigt, Spenden zu sammeln, um Wahlen zu gewinnen und für Bürgerrechte und andere ihnen wichtige Themen zu kämpfen.

In aller Stille tun dennoch viele Unternehmen und Kommunalverwaltungen, was sie können, um die CO_2-Emissionen zu verringern und umweltfreundlicher zu werden. Im Hinblick auf den globalen Klimawandel machen die USA so jedoch nur unzureichende Fortschritte.

Die USA ignorieren, dass es zu massiven politischen Verwerfungen kommen wird, da die tibetischen Gletscher übers Jahr die Flüsse nach China, Indien, Pakistan, Bangladesch, Kambodscha, Vietnam und Laos mit immer weniger Wasser versorgen. Schon jetzt führen Bevölkerungswachstum und industrielle Nachfrage zu Wasserknappheit in dieser Region. In fünfzig Jahren wird China, welches das tibetische Plateau kontrolliert, das Schicksal anderer Länder bestimmen.

Die US-Regierung ignoriert, dass die riesigen Ackerflächen im Landesinnern mit einer echten Wahrscheinlichkeit in weniger als hundert Jahren ausgedörrt sein und die USA effektiv nicht mehr ernähren können, geschweige denn weltweite Exporte zu ermöglichen. Das Wetter wird stärker schwanken, mit unregelmäßigen Phasen heftigen Regens und Dürre, hohen und niedrigen Temperaturen. Auf die Landwirtschaft und die Tierhaltung wird dies nachteilige Auswirkungen haben, Krankheitserreger, Schädlinge und Unkraut werden zunehmen.[118]

---

118 (Union of Concerne Scientists – Climate Change and Agriculture 2019)

Der globale Klimawandel stellt die schwierigste Herausforderung für die USA und die Welt dar; dennoch wird er von den Führungen von Unternehmen, Politik und Religion de facto ignoriert, geleugnet und das Problem an die kommenden Generationen weitergereicht. Im Endeffekt werden die USA dadurch Millionen Amerikaner und Milliarden Menschen auf der Welt töten. Mit anderen Worten: Es ist ihnen egal.

* * *

Die politischen Intrigen ihrer Unternehmens-, Politik- und Religionsführer bringen die USA damit an einen Scheideweg für die Zukunft.

KAPITEL 9

Amerika am Scheideweg

Amerikaner stehen am Scheideweg dessen, was es bedeutet, Amerikaner zu sein. Fundamentalistische Christen und Republikaner sagen, sie führten Krieg für die Seele Amerikas. Sie wollen zu den christlichen Wurzeln zurückkehren, die Amerika großartig gemacht hätten. Die Republikaner wollen Amerika von der belastenden Bevormundung durch Bundesregierung, Bundesstaatsregierungen und internationalen Organisationen befreien, welche das Volk angeblich schwächen und die Unternehmen behindern.

Fundamentalistische Christen setzen ihre sehr konservativen Ansichten in den USA äußerst effektiv durch. Sie wollen die öffentliche Zurschaustellung von „In God We Trust" auf Fahrzeugen des Bundes und der Bundesstaaten, auf Gebäuden, Geld und Dokumenten. Außerdem wollen sie, dass bei öffentlichen Veranstaltungen wie Fußballspielen, Schulen, politischen Kundgebungen, vor Gerichten, zu Parlamentssitzungen und bei militärischen Ereignissen gebetet wird. Ihr Hauptanliegen jedoch ist, dass die bundesstaatlichen und föderalen Gesetze auf jüdisch-christlichen Werten basieren, wie sie in der Bibel verlautbart werden, die sie zum offiziellen Buch der USA und jedes der fünfzig Bundesstaaten erheben wollen.

Unterdessen sind sich liberale Christen, Humanisten und Säkularisten dieser Aktionen kaum bewusst, haben wenig Interesse an Politik und sind daher bei der Durchsetzung ihrer eigenen Ansichten ineffektiv. Der Liberalismus verliert an Einfluss, während seine Befürworter dem Trugschluss erliegen, dass Demografie und die Zukunft auf ihrer Seite stünden.

Republikaner wollen mit Unterstützung fundamentalistischer und anderer konservativer Christen staatliche Behörden, Einrichtungen und Projekte auf nationaler und Bundesstaatsebene beseitigen, verkleinern oder privatisieren, darunter:

Sozialversicherung

Medicare

Medicaid

Bildungsministerium

Internal Revenue Service (Bundessteuerbehörde)

Umweltschutzbehörde

Obamacare

Energieministerium[119]

Bundesamt für Wahlhilfe[120]

Amt für Personalmanagement[121]

US-Einwanderungs- und Zollbehörde (ICE)[122]

---

119 (Brad Pulmer – Vox – Rick Perry once wanted to abolish the Energy Department. Trump picked him to run it. 2016)
120 (Eric Katz, Senior Correspondent – Government Executive – House Republicans Want to Eliminate Federal Election Assistance Agency 2017)
121 (Lisa Rein & Damian Palleta, Washington Post – If Trump has his way, this major federal agency is on the way out 2019)
122 (Wikipedia – Abolish ICE 2020)

KAPITEL 9 – AMERIKA AM SCHEIDEWEG

Handelsministerium
Ministerium für Wohnungsbau und Stadtentwicklung[123]
Büro für finanziellen Verbraucherschutz[124]
US-Postbehörde[125]
Sicherheitsbehörde für nukleare Verteidigungsanlagen[126]
Kriegsveteranenministerium
Volkszählungsamt
McGovern-Dole International Food for Education
Ländliche Wirtschaft und kooperative Dienstleistungen
Behörde für wirtschaftliche Entwicklung
Manufacturing Extension Partnership
Lernzentren des 21. Jahrhunderts
Anreize zur Aufnahme von Universitätsstudien
Agentur für Gesundheitsforschung und Qualität
Agentur für fortgeschrittene Forschungsprojekte
National Wildlife Refuge Fund
Globale Klimaschutzinitiative
NASA Office of Education
Behörde für Chemiesicherheit
Gesellschaft für öffentlich-rechtlichen Rundfunk
Institut für Museums- und Bibliotheksdienste
Legal Services Corporation
Nationale Stiftung zur Förderung der Künste
Nationale Stiftung zur Förderung der Geisteswissenschaften
Neighborhood Reinvestment Corporation

---

123 (Matthew Flemming, Roll Call – The 5 Agencies Ted Cruz Would Cut 2015)
124 (Housing Wire – Republicans move to abolish CFPB 2019)
125 (Bill Prascall Jr, Washington Monthly – Congress Is Sabotaging Your Post Office 2019)
126 (Patrick Malone & R. Jeffry Smith – GOP chair of nuclear safety agency secretly urges Trump to abolish it 2018)

Denali-Kommission

Delta Regional Authority und Northern Border Regional Commission

US-Handels- und Entwicklungsagentur

Woodrow Wilson International Center for Scholars[127]

Zahlreiche Bürger- und Menschenrechtsinitiativen[128]

Executive Order für faire Bezahlung und sichere Arbeitsplätze[129]

Privatisierung von Straßen, Tunneln, Brücken, öffentlichen Grundstücken und Nationalparks.

Das „Umsturzprojekt" und andere Gruppen waren maßgeblich an diesen Bemühungen beteiligt.[130]

Weiter wollen sie die Abkehr von internationalen Vereinbarungen wie der Weltgesundheitsorganisation, der UNESCO, der Transpazifischen Handelspartnerschaft, dem Nordamerikanischen Freihandelsabkommen (dieses unter neuem Namen) und manchmal der NATO und anderen internationalen Organisationen. Sie betrachten diese als Teil der „Neuen Weltordnung", die darauf abziele, die Welt einschließlich der Vereinigten Staaten säkular und sozialistisch zu machen.

Darüber hinaus nutzen die Republikaner verschiedene Möglichkeiten, um die Bundesregierung drastisch zu verschlanken. Nach dem Motto „Das Biest verhungern lassen" werden beispielsweise

---

[127] (Brett Samuels, The Hill – The 22 agencies and programs Trump's budget would eliminate 2018)

[128] (The Leadership Council On Civil and Human Rights – Trump Administration Civil and Human Rights Rollbacks 2020)

[129] (The Leadership Council On Civil and Human Rights – Trump Administration Civil and Human Rights Rollbacks 2017)

[130] (Herbert J. Gans, The Nation – This Is How the Republican Party Plans to Destroy the Federal Government 2017)

ungeliebte Programme nicht finanziert oder die Finanzierung gekürzt. Behörden werden von Washington, D.C. an andere Orte verlegt, wodurch Mitarbeiter zur Kündigung oder in den vorzeitigen Ruhestand gezwungen werden. Für jede neue Gesetzesvorschrift werden zwei bis zehn andere abgeschafft. „Staatenrechte" werden im Sinne der Freiheit vorangetrieben, indem die Bundesstaaten pauschale, nicht zweckgebundene Zuschüsse erhalten, während Aktivitäten des Bundes zurückgefahren oder beendet werden. Der Kongress wird mittels ausgiebigen Gebrauchs von „Executive Decrees" („Durchführungserlassen") übergangen. Erklärtes Ziel ist es, „die Bundesregierung so klein zu machen, dass man sie die Toilette hinunterspülen kann."[131]

Im Gegensatz dazu werden Law-and-Order-Institutionen wie das Militär, der Heimatschutz und die Polizei sowie die Privatisierung von Gefängnissen beibehalten und verstärkt. Die Republikaner streben die Kontrolle über alle Zweige der Bundes- und Bundesstaatsregierungen an.[132]

Im Wesentlichen glauben die Republikaner an das Überleben der Stärksten, und dass alle, die arbeiten wollen, gut bezahlte Jobs finden. Wer nicht arbeiten will, kann verhungern. Sie glauben im Kern, dass die Einrichtung einer äußerst begrenzten Regierung mit einem sehr begrenzten sozialen Sicherheitsnetz, die Akzeptanz des Wohlstandsevangeliums und die Gründung amerikanischer Werte auf dem christlichen Fundamentalismus ein prosperierendes, wohlhabendes, starkes und sicheres Amerika schaffen werden, das unabhängig ist von fremden, korrupten und sozialistischen Ländern.

---

131 (Wikiquote – Grover Norquist 2019)
132 (Herbert J. Gans, The Nation – This Is How the Republican Party Plans to Destroy the Federal Government 2017)

Der Sprachgebrauch der Republikaner verrät, dass sie ihren Kampf gegen den Liberalismus – das „L-Wort" – als Krieg betrachten.[133] Es ist eine Sprache, die Liberale und Demokraten nicht mögen und ignorieren, zu ihrem eigenen Schaden. Wie Arthur Brooks, Präsident des American Enterprise Institute, eines führenden republikanischen Thinktanks, sagte:[134]

> Präsident Obama scheut sich sicherlich nicht, aus der Wirtschaftspolitik eine fast ausschließlich moralische Angelegenheit zu machen. Was tat er schließlich anderes, als er sagte, Jesus würde die Buffett-Regel unterstützen? Wer an die Wunder wirkende Macht der wirtschaftlichen Freiheit glaubt, kann entweder moralisch argumentieren (oder auch wirtschaftlich), oder sofort beim Anklang eines liberalen wirtschaftlichen Arguments zurückweichen. Mein Ansatz lautet, um (Bruce Springsteen) zu zitieren: „Kein Rückzug, Baby, keine Kapitulation" („No retreat, baby, no surrender"[135]).

Die „Buffett-Regel" hat ihren Namen übrigens von Warren Buffett, einem amerikanischen Investor und einem der reichsten Männer der Welt, der es für falsch hielt, dass reiche Leute wie er anteilmäßig weniger Einkommensteuern zahlen bräuchten als die Mittelschicht. Er sprach sich für erhöhte Einkommensteuern für die Reichen aus. Die Regel hätte einen höheren Mindeststeuersatz für Steuerzahler der höchsten Einkommensstufe eingeführt, um sicherzustellen, dass diese keinen niedrigeren Prozentsatz ihrer Einkünfte an Steuern zahlen als weniger wohlhabende Amerikaner. Das Weiße Haus definierte die Regel im

---

133 (Jennifer Rubin – Washington Post – George H.W. Bush and the 'L' word 2018)
134 (Arthur Brooks at CPAC: Reward the makers 2012)
135 Der Titel „No Surrender" ist Teil des Albums „Born in the USA" (Wikipedia – No Surrender (Song) 2020)

Detail so, dass jeder, der mehr als eine Million Dollar pro Jahr verdient, mindestens 30 Prozent Einkommenssteuer zu zahlen hätte.[136]

Inzwischen glauben liberale Christen und Demokraten seit fünfzig Jahren daran, dass die Demokraten mit zunehmendem Eintritt von Frauen und Minderheiten in die Politik automatisch die Macht haben werden, den New Deal zu bewahren und die Programme für soziale Sicherheitsnetze zu verbessern. Aber sie bringen nicht genügend Herzblut mit und durchdenken ihre Pläne nicht gründlich genug, um für einen Wahlsieg ausreichend viele der Durchschnittsbürger für sich zu gewinnen, denen sie eigentlich helfen möchten. Sie begegnen den Republikanern zu kleinlaut und sagen nicht klipp und klar, wofür sie stehen. Die Republikaner legen ihre Strategie dar und die Demokraten ignorieren sie im Allgemeinen, glauben sie nicht oder sind zu inkompetent, um Maßnahmen zu ergreifen.

Vielleicht haben gerade die Programme, die das soziale Sicherheitsnetz geschaffen haben, die Demokraten und viele andere Amerikaner faul gemacht. Genau wie die Republikaner sagen: „Unterm Strich sind die Mehrheit der Amerikaner Nehmer und keine Macher"[137] und "... wir wollen die Macher belohnen, nicht die Nehmer."[138] Diese Sprache ist einfach und klar und beschreibt nebenbei die Demokraten ganz gut, die den Etiketten, die die Republikaner ihnen verpassen, keine Beachtung schenken.

Die Republikaner machen keinen Hehl aus ihrer Ansicht, dass Amerikas Wohlstand durch den Glauben an Jesus, die Einsetzung jüdisch-christlicher Gesetze und die Befreiung des amerikanischen

---

136 (Wikipedia – Buffett Rule 2019)
137 (The Week – Don't listen to Paul Ryan: The GOP is still the party of makers and takers 2014)
138 (Arthur Brooks at CPAC: Reward the makers 2012)

kapitalistischen Geistes von nationalen und internationalen Unterdrückungsgesetzen erschaffen werde. So werde ein Land geschaffen, in dem die Amerikaner die Freiheit haben zu arbeiten oder zu verhungern und unabhängig sind von internationalen Machtspielen und frei vom globalen Klimaschwindel.

In der Zwischenzeit mühen sich die Demokraten ab, eine scharfe Vision von Amerika zu artikulieren. Vielleicht so etwas wie: „Ein Amerika, in dem die Leute glücklich, gesund, reich, weise und frei sind durch Arbeit und Liebe." Es bräuchte eine klare und verständliche Botschaft.

Republikaner und Demokraten haben also zwei gänzlich unterschiedliche Ansichten von

Freiheit und Möglichkeit

Ungefähr zwei Jahrhunderte lang waren die Vereinigten Staaten für die Welt der Inbegriff von Freiheit, Gleichheit und Möglichkeit. Mit Arbeit und etwas Glück würde man sich hier ein schönes Leben schaffen können, frei von Demagogen, Tyrannen, Diskriminierung und religiöser und wirtschaftlicher Unterdrückung.

Die Freiheitsstatue ist *das* Symbol von Freiheit. Das Ideal, als Amerikaner frei zu sein, taucht in Politik, Filmen, Büchern, Medien, Religion und Bildung auf – dies galt jedoch nicht für Sklaven, amerikanische Ureinwohner und die Millionen, die in Armut lebten. Aber auch Letztere lebten mit dem Gefühl, dass Freiheit möglich war und ihnen zur Verfügung stand. Einige Wenige, wie Andrew Carnegie, Thomas Edison, George Vanderbilt und andere, haben sich aus nichts einen großen Wohlstand geschaffen. Sie und ähnliche andere wurden zu einer Inspiration für Millionen von Amerikanern: „vom Tellerwäscher zum Millionär".

Einen Amerikaner zu verstehen, bedeutet zu begreifen, dass Freiheit tief in den amerikanischen Idealen, der Mythologie, der Seele, der Ausbildung, in jedem Atemzug liegt. Sie ist grundlegend für eine Denkweise, die für Europäer, Asiaten, Afrikaner und Südamerikaner irgendwie schwer fassbar ist. Dennoch inspiriert dieser Freiheitssinn Millionen von Menschen aus der ganzen Welt, in den Vereinigten Staaten zu arbeiten und zu leben – dem *Land of the Free*.

Allerdings erzeugt dieser Freiheitssinn eine Spannung, da man ja Individuum innerhalb einer Gesellschaft ist. Der Schwerpunkt liegt in der Regel auf dem Individualistischen, bei dem jede Person frei ist zu tun, was sie will. Je weniger Gesetze, desto besser. Je weniger Eigentumsbeschränkungen gelten, desto besser.

Auf der anderen Seite sind Law and Order, Recht und Ordnung, ebenfalls ein amerikanisches Ideal. Es besteht ein tiefes Verlangen nach einer Gesellschaft, die dem Gesetz folgt, aber es den Menschen irgendwie erlaubt, frei zu sein, solange die Freiheit der anderen die eigene nicht beschneidet. Viele Menschen sind dagegen bereit, die eigenen Ansichten zum Gesetz des Landes zu machen und die Freiheit anderer zu beschneiden.

So haben Republikaner und Demokraten verschiedene Ansichten zu Freiheit auf der einen und Recht und Ordnung auf der anderen Seite.

Republikaner und Demokraten hegen auch verschiedene Ansichten dazu, welche von Menschen geschaffenen politischen und wirtschaftlichen Institutionen es geben solle, die dem wirtschaftlichen Erfolg (oder dessen Fehlen) zugrunde liegen.[139] Die Republikaner arbeiten entschlossen auf eine äußerst begrenzte Regierung hin mit maximaler

---

139 (Daron Acemoglu, James A. Robinson – Why Nations Fail: The Origins of Power, Prosperity, and Poverty 2013)

Freiheit für Unternehmen. Sie bezeichnen staatliche Verwaltung als belastend und verbünden sich mit konservativen religiösen Gruppen, die ebenfalls versuchen, die individuellen Freiheiten einzuschränken. Um ihre Programme zu finanzieren, machen sie Schulden.

Unterdessen konzentrieren sich die Demokraten auf ein breites Spektrum von Menschenrechten, was bedeutet, die Macht von Unternehmen und Religionen einzuschränken, um integrative Institutionen zu haben, die der gesamten Nation dienen und nicht nur den obersten ein bis fünf Prozent. Um ihre Programme zu verwirklichen, erheben sie Steuern.

Das Ergebnis ist eine verworrene Finanzstruktur, die für das amerikanische Volk weder wirtschaftlich noch körperlich gesund ist.

Wozu dieser politische und religiöse Konflikt vielleicht beiträgt ist

Ein grundlegendes Problem

Ohne Arbeit und Liebe finden die meisten Menschen, dass das Leben nicht erfüllend ist, keinen Sinn hat und die Gesellschaft zerfällt. Fünfzig Jahre lang förderten die politischen und religiösen Führer und auch die amerikanischen Konsumenten unbewusst oder unterstützten heimlich den Abbau von Arbeitsplätzen der Unter- und Mittelschicht. Amerikanische Verbraucher kauften Produkte ausschließlich nach ihrem Preis, was die Unternehmen zu rücksichtslosen Kostensenkungen zwang. Dadurch wurden Waren günstiger, was zu höheren Lebensstandards führte, bis viele der Arbeitsplätze nach Übersee an kostengünstigere Produktionsorte verlegt wurden oder Unternehmen Arbeitsplätze wegautomatisierten. Zu den Turbulenzen trugen Übernahmekünstler bei, die Unternehmen kauften, die profitablen Teile veräußerten, für den Rest oft Insolvenz anmeldeten und Arbeitsplätze abbauten und sich mit einem reichen Vermögen aus dem Staub machten.

In der Zwischenzeit nahmen immer mehr Amerikaner legale und illegale Drogen, was zu weitreichenden Gesundheitsproblemen führte, und vergeudeten Stunden mit Fernsehen und Videospielen. Viele verloren den Willen oder die Fähigkeit zu arbeiten und zu lieben. Einerseits schufen amerikanische Unternehmen größeren Wohlstand für viele, während sie andererseits Millionen von Menschen Schaden zufügten, die keinen Weg sahen oder sehen konnten, ihr Leben zu verbessern.

So wurden viele Amerikaner ...

Neurotisch

Die Amerikaner wollen insgesamt glücklich und reich genug sein, um das zu tun, was sie wollen. Aber im Schnitt sind sie weder gesund noch weise. Sie werden von dem angezogen, was ihnen gerade gefällt und glauben, dass ihnen das zustünde, was immer sie gerade wollen. Sie konsumieren also ungesunde Lebensmittel, geben Geld aus ohne Rücksicht auf eigene und nationale Schulden, wollen körperlich fit sein, sind aber eine Nation fettleibiger Stubenhocker[140], die stundenlang stumpfsinnigen Fernsehsendungen und trainierten Profisportlern zuschauen. Sie machen Wunderdiäten, um Gewicht zu verlieren, nehmen aber gleich danach umso mehr wieder zu. Ohne die Bereitschaft, Verantwortung für sich selbst zu übernehmen, verlangen sie nach legalen und illegalen Medikamenten zur Bekämpfung ihrer Krankheitssymptome. Sie sind wie Betrunkene auf einem Pferd: zunächst aufrecht, dann nach rechts absackend, sich wieder aufraffend und dann nach links kippend. So verbringen sie ihr Leben in einem sinnlosen Schaukelkurs.[141]

---
140 (Mark Hertling, Lieutenant General – Obesity is a National Security Issue 2012)
141 Abgewandelt nach Martin Luther (Christian History Institute – The Drunk Peasant 2017)

Der amerikanischen Gesellschaft fehlen gemeinsame Werte, die von Individuen, Familien, Gruppen, Bundesstaaten und der Nation geteilt werden. Die USA sind polarisiert, und verschiedene Gruppen wollen allen anderen ihre „richtigen" Ansichten auferlegen. Anstatt die schwierige Arbeit des Dialogs zu leisten, sorgen politische, wirtschaftliche, religiöse und pädagogische Autoritäten für weitere Spaltungen der Gesellschaft und verfolgen ihren persönlichen Gewinn. Republikaner meinen im Recht zu sein und das Beste für das Land zu tun, und diejenigen, die anderer Meinung sind, seien *der böse Feind*; ein Feind, der mit allen zur Verfügung stehenden Mitteln zerstört werden müsse. Sie wollen um jeden Preis siegen. Auf der anderen Seite neigen die Demokraten dazu, die andere Hälfte als fehlgeleitete und ignorante Menschen anzusehen. Mit einer solchen Polarisierung wird die Schaffung einer Nation schwierig, die auf Toleranz gegenüber der Vielfalt beruht. Was das alte Motto besagt, „Aus vielen Eines", ist aus dem amerikanischen Traum und Bewusstsein verschwunden.

All dies geschieht, weil politische, wirtschaftliche und religiöse Gruppen daran arbeiten, ihre Ansichten einer breiten, vielfältigen Gesellschaft aufzuzwingen. Die Republikaner glauben, dass die Regierung am besten regiere, wenn sie am wenigsten regiert. Dass Menschen und Unternehmen frei seien zu tun, was sie wollen, wann sie wollen. Ihre Vision einer Regierung ist die des späten 18. und frühen 19. Jahrhunderts. Eine einfache Regierung für eine einfachere Zeit.

Andererseits glauben die Demokraten, dass die Probleme, mit denen die USA und die Welt konfrontiert sind, viel komplizierter seien als vor zweihundert Jahren. Dass sich Regierung, Gesetze, Wirtschaft, Bildung, Religion und Bürger ändern müssen, um der aktuellen Zeit, der zunehmenden Vielfalt und den internationalen Themen gerecht zu werden. Leider tun sich die Demokraten schwer damit, einfache und klare Botschaften zu formulieren, die beim Durchschnittsamerikaner Anklang fänden.

Wird aus den Vereinigten Staaten also:

**eine christliche Theokratie
oder
eine säkulare Gesellschaft?**

Werden sie

**von Unternehmen geführt werden
oder
eine dynamische Mischung aus Sozialismus
und Kapitalismus?**

Die USA scheinen auf eine konservative, anti-wissenschaftliche, theokratische Gesellschaft zusteuern, die von Unternehmen dominiert wird. Die Republikaner verfügen über eigene Radio-, und Fernsehsendungen, Bildungsangebote im Internet und Nachrichtendienste, Hüte, T-Shirts, Flaggen, die NRA, die Heritage Foundation sowie das American Enterprise Institute (konservative Thinktanks, Anm. d. Übers.), das Hillsdale College, die Liberty University, Tausende fundamentalistischer Kirchen, einen riesigen und einflussreichen tagesaktuellen Internetauftritt, eine gigantischen Fundraising-Maschine und enorme Energie und Begeisterung. Für die Wahlkampfsaison 2020 haben die Republikaner offiziell bisher 600 Millionen Dollar eingesammelt gegenüber 450 Millionen auf Seiten der Demokraten.[142]

---

142 (Ballotpedia – Party committee fundraising, 2019–2020 2020)

Darüber erhalten Republikaner bedeutend mehr „Dark Money" von Unternehmen und ausländischen Stellen als die Demokraten.[143]

In der Zwischenzeit teilt die liberaldemokratische Führung den Traum der Bevölkerung, ihre Vision von den USA wiederzuerlangen, ohne sie jedoch dem Durchschnittsamerikaner in einfacher, schlüssiger Sprache zu erklären. Sie verfügen zwar über die gleiche Art von Institutionen, wie die gerade bei den Republikanern erwähnten, es fehlt diesen jedoch an der Lebendigkeit, der einfachen Klarheit und der Gedankentiefe der Republikaner. Gerechterweise sollen hier aber einige Ausnahmen genannt werden wie Thom Hartman, die Washington Post, die New York Times und ein paar weitere.

Was werden die USA sein?

Eine von Unternehmen geführte fundamentalistisch-christliche Theokratie oder

eine Mischung aus Kapitalismus, Sozialismus und Säkularismus

im Zeitalter von Trump

---

[143] (Lee Fang – The Intercept – Foreign-Funded Dark-Money Groups Lobby IRS to Repeal Remaining Reporting Requirements 2020) sowie zahlreiche weitere Artikel über versteckte Zuwendungen sowohl an die Republikaner als auch an die Demokraten, jedoch mehr an Erstere.

Literaturverzeichnis

Andreae, Jacob; Chemnitz, Martin. "Chief Articles of Faith." *The Book of Concord.* 1530. http://bookofconcord.org/augsburgconfession.php (accessed March 14, 2018).

Admin. "Difference Between Faith and Hope." *Ipedia.* December 15, 2015. http://pediaa.com/difference-between-faith-and-hope/ (accessed March 19, 2018).

Ahlstrom, Sydney. *A Religious History of the American People.* New Haven and London: Yale University Press, 1975.

AIG. "What Is the Meaning of Life?" *Answers in Genesis.* n.d. https://answersingenesis.org/what-is-the-meaning-of-life/ (accessed March 27, 2018).

ALEC - American Legislative Exchange Council. "ALEC - About - Task Force - Home." *ALEC.org.* n.d. https://www.alec.org/about/ (accessed May 7, 2020).

Ali, M. Amir, Ph.D. "Forgiveness." *Institute of Islamic Information and Education.* February 24, 2006. http://www.iiie.net/forgiveness/ (accessed February 19, 2018).

All Types of STDs and STIs, STD Symptoms, STD Pictures, STD Treatment. n.d.

Al-Munajjid, Sheikh Muhammed Salih. "Explaining human suffering and why Allaah does not prevent it ." *Islam Question & Answer.* November 11, 1998. https://islamqa.info/en/answers/2850/explaining-human-suffering-and-why-allaah-does-not-prevent-it (accessed October 22, 2018).

Altucher, James. "The Six Things The Most Productive People Do Every Day." *The Medium.* May 28, 2018. https://medium.com/the-mission/the-six-things-the-most-productive-people-do-every-day-fba2fe17ed45 (accessed May 281, 2018).

Alumkal, Antony. *Paranoid Science - The Christian Right's War on Reality.* New York: New York University Press, 2017.

American Journal of Nursing. "Growing Number of Catholic-Run Hospitals Raises Concerns." *American Journal of Nursing.* Dec 2019. https://journals.lww.com/ajnonline/Fulltext/2019/12000/Growing_Number_of_Catholic_Run_Hospitals_Raises.12.aspx (accessed May 1, 2020).

American Psychological Association. "Gun Violence: Prediction, Prevention, and Policy ." *American Psychological Association.* 2013. https://www.apa.org/pubs/info/reports/gun-violence-prevention (accessed May 26, 2020).

Anonymous. "religous authority: Hinduism." *ReligionFacts.com.* November 19, 2016. http://www.religionfacts.com/hinduism/authority (accessed March 13, 2018).

Antony J. Blinken and Robert Kagan - Brookings - "'America First' is only making the world worse. Here's a better approach." *Brookings.* Jan 4, 2019. https://www.brookings.edu/blog/order-from-chaos/2019/01/04/america-first-is-only-making-the-world-worse-heres-a-better-approach/ (accessed May 25, 2020).

Arendt, Hannah. *The Life of the Mind.* San Diego New Yor London: A Harvest Book a division of Harcourt Brace & Company, 1977.

—. *The Origins of Totalitarianism.* New York: Harcourt, Inc, 1966.

Arkush, Allan. "Immortality: Belief in a Bodiless Existence - Everlasting life was not always guaranteed to the Jewish soul." *My Jewish Learning.* n.d. https://www.myjewishlearning.com/article/immortality-belief-in-a-bodiless-existence/ (accessed August 3, 2018).

—. "Immortality: Belief in a Bodiless Existence." *My Jewish Learning.* n.d. https://www.myjewishlearning.com/article/immortality-belief-in-a-bodiless-existence/ (accessed March 2, 2018).

Armstrong, Karen. *The Battle For God.* New York: Alfred A. Knopf, 2000.

"Arthur Brooks at CPAC: Reward the makers, not the takers." *Faith and Public Life.* Feb 10, 2012. https://faithandpubliclife.com/arthur-brooks-at-cpac-reward-the-makers-not-the-takers/ (accessed May 30, 2020).

ArtLords. "Warlord with Pencils." *ArtLords.* n.d. https://www.artlords.co (accessed August 2, 2019).

"Attributes of God." *All About.* 2018. https://www.allaboutgod.com/attributes-of-god.htm (accessed October 5, 2018).

Ballotpedia. "Party committee fundraising, 2019-2020." *Ballotpedia.* May 21, 2020. https://ballotpedia.org/Party_committee_fundraising,_2019-2020 (accessed May 30, 2020).

Bauer, Susan Wise. *The Well-Educated Mind - A Guide to the Classical Educaton You Never Had.* New York: W.W. Norton & Company, Inc, 2016.

Beit-Halachmi, Rabbi Rachel Sabath. "The Experience and Nearness of God." *My Jewish Learning.* n.d. https://www.myjewishlearning.com/article/the-experience-and-nearness-of-god/ (accessed March 1, 2018).

Beltran, Victoria. "Sex Education…With Pleasure ." *TEDxUSFSP.* January 6, 2016. https://www.youtube.com/watch?v=R-gwxS-7h9o (accessed December 5, 2018).

Bercot, David. "Love Without Condition." *History of the Early Church.* n.d. http://www.earlychurch.com/unconditional-love.php (accessed November 14, 2016).

—. "What was the early church like?" *History of the Early Church.* n.d. http://earlychurch.com/index-old.html (accessed November 14, 2016).

Berger, Jonah. *Invisible Influence - The Hidden Forces That Shape Behavior.* New York: Simon & Shuster, 2016 June.

Berman, Robby, and Samantha Lee. "When You Can't Afford to Make a Mistake, This'll Keep You Sharp (20 cognitive biases in a chart that could keep you from making a bad decision)." *Big Think.* April 19, 2016. https://bigthink.com/robby-berman/a-chart-of-brain-busting-cognitive-biases-hang-it-on-your-wall (accessed September 23, 2018).

Bhat, Tehreem. "Do Muslims believe that there is no way but Islam to experience God?" *Quroa.* March 18, 2015. https://www.quora.com/Do-Muslims-believe-that-there-is-no-way-but-Islam-to-experience-God (accessed March 1, 2018).

Bhikkhu, Thanissaro. "All About Change." *A Theravada Library .* 2004. https://www.accesstoinsight.org/lib/authors/thanissaro/change.html (accessed March 21, 2018).

Bill Prascall Jr, Washington Monthly - Congress Is Sabotaging Your Post Office . "Congress Is Sabotaging Your Post Office ." *Washington Monthly.* April/May 2019. https://washingtonmonthly.com/magazine/april-may-june-2019/congress-is-sabotaging-your-post-office/ (accessed May 30, 2020).

Blanchard, LInda. "Who Is The Ultimate Authority?" *Secular Buddhist Association.* July 23, 2012. http://secularbuddhism.org/2012/07/23/who-is-the-ultimate-authority/ (accessed March 13, 2018).

Blitz, Matt. "The Articles of Confederation: The Constitution Before the Constitution." *Today I Found Out.* Dec 24, 2013. http://www.todayifoundout.com/index.php/2013/12/articles-confederation-constitution-constitution/ (accessed May 5, 2020).

Bloom, A. "Buddhist Studies: Glossary of Terms." *Buddha Dharma Education Association & BuddhaNet.* 2018. https://www.buddhanet.net/e-learning/dharmadata/fdd29.htm (accessed March 19, 2018).

Blumenthal, David. "REPENTANCE AND FORGIVENESS." *David Blumenthal's HomePage.* n.d. http://www.js.emory.edu/BLUMENTHAL/Repentance.html (accessed January 29, 2019).

Boroditsky, Lera. "How language shapes the way we think." *TED.* May 2, 2018. https://www.youtube.com/watch?v=RKK7wGAYP6k (accessed November 19, 2018).

Brad Pulmer. "Rick Perry once wanted to abolish the Energy Department. Trump picked him to run it." *Vox.* Dec 13, 2016. https://www.vox.com/energy-and-environment/2016/12/13/13936210/rick-perry-energy-department-trump (accessed May 30, 2020).

BrainyMedia, Inc. "Max Muller Quotes." *Brainy Quote.* n.d. https://www.brainyquote.com/quotes/max_muller_326659 (accessed December 10, 2018).

Brett Samuels. "The 22 agencies and programs Trump's budget would eliminate." *The Hill* Feb 18, 2018. https://thehill.com/homenews/

administration/373441-the-federal-programs-trump-proposes-cutting-in-2019-budget (accessed May 30, 2020).

Brown, Raymond E. *An Introdtion to the New Testament (abridged).* New Haven & London: Yale University Press, 2016.

Bruckner, Pascal. "Condemned to Joy: The Western cult of happiness is a mirthless enterprise." *City Journal.* Winter 2011. https://www.city-journal.org/html/condemned-joy-13355.html (accessed February 8, 2019).

Buchanan, Patrick J. *The Death of the West.* New York: Thomas Dunn Books, 2002.

Buchholz, Katharina. "statista." *The Trans-Atlantic Slave Trade Uprooted Millions.* Aug 20, 2019. https://www.statista.com/chart/19068/trans-atlantic-slave-trade-by-country-region/ (accessed May 1, 2020).

"Buddha." *The Pursuit of Happiness - Bringing the science of happiness to life.* n.d. http://www.pursuit-of-happiness.org/history-of-happiness/buddha/ (accessed March 27, 2018).

Burton, Tara Isabella. "This poll asked Americans if they believe in God. The answers were fascinating." *Vox.* April 26, 2018. https://www.vox.com/2018/4/26/17282284/pew-americans-god-religion-study-faith-identity (accessed April 27, 2018).

C.S.Lewis. *God in the Dock (Essays on Theology and Ethics).* Grand Rapids, Michigan/Cambridge, U.K.: William B. Erdmans Publishing company, 1970.

Caruso, Steve. "The Lord's Prayer in Galilean Aramaic." *The Aramaic New Testament - Galilean New Testament in the Context of Early Christianity.* n.d. http://aramaicnt.org/articles/the-lords-prayer-in-galilean-aramaic/ (accessed November 13, 2016).

Casey Ross. "Catholic hospitals are multiplying, and so is their impact on reproductive health care." *STAT.* Sep 14, 2017.

https://www.statnews.com/2017/09/14/catholic-hospitals-reproductive-health-care/ (accessed May 25, 2020).

Catholic Health Association of the United States. "Facts Statistics." *Catholic Health Association of the United States.* Jan 2020. https://www.chausa.org/about/about/facts-statistics (accessed May 25, 2020).

Catron, Mandy Len. *how to fall in love with anyone.* New York, New York: Simon & Shuster, 2017.

Cavendish, Marshall. *Islamic Beliefs, Practices, and Cultures.* Malaysia: Marshall Cavendish Reference, 2011.

Chafer, Lewis Sperry. *Systematic Theology Vol 1-8.* Dallas, Texas: Dallas Seminary Press, 1947 Eleventh Edition 1973.

Christian History Institute. "The Drunk Peasant." *Christian History Institute.* Jun 17, 2017. https://christianhistoryinstitute.org/blog/post/the-drunk-peasant/ (accessed May 30, 2020).

Chugh, Anmol. "As per Buddhism, what is the purpose of life?" *Quroa.* February 14, 2016. https://www.quora.com/As-per-Buddhism-what-is-the-purpose-of-life (accessed March 27, 2018).

Church of England. "Section XIV of Saving Faith." *Center for Reformed Theology and Apologetics.* 1646. http://www.reformed.org/documents/index.html?mainframe=http://www.reformed.org/documents/westminster_conf_of_faith.html (accessed March 14, 2018).

Ciara Torres-Spelliscy - "American Bar Assocition". "Does "We the People" Include Corporations?" *American Bar Association.* n.d. https://www.americanbar.org/groups/crsj/publications/human_rights_magazine_home/we-the-people/we-the-people-corporations/ (accessed May 7, 2020).

Clear, James. *Atomic Habits: An Easy & Proven Way to Build Good Habits & Break Bad Ones.* New York: Penguin Random House, 2018.

Cleveland Clinic. *Female Reproductive System* . February 5, 2019. https://my.clevelandclinic.org/health/articles/9118-female-reproductive-system (accessed March 27, 2019).

Cole, Wayne. "America First - The Battle Against Intervention 1940-1941." *Amazon.* November 4, 2008. America First - The Battle Against Intervention 1940-1941 (accessed April 13, 2019).

Conroy, Alec M. "File:Relationship between synoptic gospels.png." *Wikimedia Commons.* May 13, 2012. https://commons.wikimedia.org/wiki/File:Relationship_between_synoptic_gospels.png (accessed June 16, 2019).

—. "File:Synoptic problem two source colored.png." *Wikimedia Commons.* November 28, 2007. https://commons.wikimedia.org/wiki/File:Synoptic_problem_two_source_colored.png (accessed June 16, 2019).

Conservativ Political Action Conference - Agenda. "CPAC2020 - Agenda." *Conservative Political Action Conference.* Feb 26, 2020. https://links.conservative.org/cpac/agenda/cpac-2020-agenda-0d3jsA.pdf (accessed May 28, 2020).

Conservative Political Action Conference . "CPAC2020." *American Conservative Union CPAC.* 2020. https://cpac.conservative.org/ (accessed May 28, 2020).

Corey, Benjamin L. "To Those Christians Who Say, "God Doesn't Give Us More Than We Can Handle"." *Patheos Progressive Christian.* October 12, 2017. http://www.patheos.com/blogs/formerlyfundie/christians-say-god-doesnt-give-us-can-handle/#comment-3861255192 (accessed October 22, 2018).

Costa, Pam. "Reclaiming Female Sexual Desire." *TedX Palo Alto.* June 5, 2018. https://www.youtube.com/watch?v=0Sn_UhcXZm4 (accessed November 15, 2018).

Council of Nicea. "The Nicene Creed." *creeds.net.* 325 AD. https://www.creeds.net/ancient/nicene.htm (accessed March 14, 2018).

Daley, Kevin. "Roberts, Liberal Justices Wary of Trump Exemptions to Birth Control Mandate." *The Morning Beacon.* My 6, 2020. https://freebeacon.com/courts/roberts-liberal-justices-wary-of-trump-exemptions-to-birth-control-mandate/?utm_source=actengage&utm_campaign=FreedomMail&utm_medium=email (accessed May 7, 2020).

Dan Macguill. "Did Ronald Reagan Pave the Way for Fox News?" *Snopes.* Jan 26, 2018. https://www.snopes.com/fact-check/ronald-reagan-fairness-doctrine/ (accessed May 22, 2020).

Daron Acemoglu, James A. Robinson - Why Nations Fail: The Origins of Power, Prosperity, and Poverty. *Why Nations Fail: The Origins of Power, Prosperity, and Poverty.* New York: Crown Publishing a Division of Random House, 2013.

David Masci and Gregory A. Smith. "7 facts about American Catholics." *Pew Research Center - FactTank News in the Numbers.* Oct 10, 2018. https://www.pewresearch.org/fact-tank/2018/10/10/7-facts-about-american-catholics/ (accessed May 25, 2020).

David Pattison. "Social Security Trust Fund Cash Flows and Reserves." *Social Security Office of Retirment and Disability - Social Security Trust Fund Cash Flows and Reserves - Social Security Bulletin, Vol. 75, No. 1, 2015.* 2015. https://www.ssa.gov/policy/docs/ssb/v75n1/v75n1p1.html (accessed May 27, 2020).

David Taylor. "Project Blitz: the legislative assault by Christian nationalists to reshape America." *The Guardian.* Jun 4, 2018.

https://www.theguardian.com/world/2018/jun/04/project-blitz-the-legislative-assault-by-christian-nationalists-to-reshape-america (accessed May 28, 2020).

Dawkins, Richard. "The Genius of Charles Darwin." *The Genius of Charles Darwin.* Athena IWC Media Limited 2008, 2008.

Deepak, Chopra, and Leonard Mlodinow. *War of the Worldviews - Science vs Spirituality.* New York: Crown Publishing Group, a division of Random House, In, 2011.

Denning, Stephanie. "Dollar Shave Club Founder: Why Life Is Defined By Choices." *Forbes.* May 31, 2018. https://www.forbes.com/sites/stephaniedenning/2018/05/31/dollar-shave-club-founder-why-life-is-defined-by-choices/#419614495abd (accessed June 7, 2018).

Dhammika, Van S. "Nearly all religions have some kind of holy writings or Bible. What is the Buddhist holy book?" *Good Questions With Good Answers.* n.d. http://www.buddhanet.net/ans66.htm (accessed March 13, 018).

Dollar Times - Calculate the Value of dollars in today's times. "Calculate the Value of dollars in today's times." *Dollar Times.* 2020. https://www.dollartimes.com/inflation/inflation.php?amount=100&year=1925 (accessed May 28, 2020).

Drane, John. "The Bible." *BBC - Religions.* July 12, 2011. http://www.bbc.co.uk/religion/religions/christianity/texts/bible.shtml (accessed October 15, 2018).

Dubner, Stephen J, and Steven D Levitt. *Think Like A Freak.* New York: Harper Collins Publisher, 2014.

Duhigg, Charles. "Wealthy Successful and Miserable." *The Future of Work - The New York Tmes Magazine.* February 22, 2019. https://www.nytimes.com/interactive/2019/02/21/magazine/elite-professionals-jobs-happiness.html (accessed February 22, 2019).

Durant, Will and Ariel. *The Story of Civilization.* 11 vols. New York: Simon & Shuster, 1975.

Ehrenreich, Barbara. *Natural Causes.* New York Boston: Twelve, 2018.

Ehrman, Bart D. *God's Problem, How the Bible Fails to Answer Our most Important Question - Why We Suffer.* New York: Harper Collins, 2008.

Ehrman, Bart. *God's Problem.* New Hork: HarperCollins, 2008.

Encyclopedia Britannica. "Hinduism - Religion." *Encyclopedia Britannica.* February 7, 2018. https://www.britannica.com/topic/Hinduism/Introduction (accessed October 23, 2018).

Eric Katz, Senior Correspondent - Government Executive. "House Republicans Want to Eliminate Federal Election Assistance Agency ." *Government Executive.* Jun 30, 2017. https://www.govexec.com/management/2017/06/house-republicans-want-eliminate-federal-election-assistance-agency/139123/ (accessed May 30, 2020).

Exstein, Ted. "What is the difference between the Talmud and the Torah?" *Quora.* July 16, 2015. https://www.quora.com/What-is-the-difference-between-the-Talmud-and-the-Torah (accessed October 15, 2018).

Fackenheim, Emil L. "Judaism & the Meaning of Life." *Commentary.* April 1, 1965. https://www.commentarymagazine.com/articles/judaism-the-meaning-of-life/ (accessed March 27, 2018).

Feddacheenee. "File:Annunciator.jpg." *Wikimedia Commons.* June 29, 2012. https://commons.wikimedia.org/wiki/File:Annunciator.jpg (accessed June 16, 2019).

Finkelstein, J. "File:Maslow's hierarchy of needs.svg." *Wikimedia Commons.* October 27, 2006. https://commons.wikimedia.org/

wiki/File:Maslow%27s_hierarchy_of_needs.svg (accessed June 14, 2019).

Fish, Stanley. *Winning Arguments, What works and Doesn't Work in Politics, The Bedroom, The Curtroom, and the Classroom.* New York: Harper Collins, 2016.

Foner, Eric. "The Corrupt Bargain." *London Review of Books.* May 221, 2020. https://www.lrb.co.uk/the-paper/v42/n10/eric-foner/the-corrupt-bargain?utm_campaign=wp_todays_worldview&utm_medium=email&utm_source=newsletter&wpisrc=nl_todayworld (accessed May 15, 2020).

Frea, Dick. "SS Jerimiah O'Brien." *National Park Service - WWII In the San Francisco Bay Area.* n.d. https://www.nps.gov/nr/travel/wwiibayarea/jer.HTM (accessed June 16, 2019).

Frederick Clarkson. "Project Blitz by Any Other Name." *Political Research Associates.* Nov 7, 2019. https://www.politicalresearch.org/2019/11/07/project-blitz-any-other-name (accessed May 28, 2020).

Freeman, James Dill. *The Household of Faith, Chapter XI, "Their Healing Work, "Heal the Sick" ".* 1951. https://www.truthunity.net/books/the-household-of-faith-155-164 (accessed January 25, 2018).

Fritz, Robert. *Corporate Tides.* Oxford, England: Butterworth-Hinemann, 1994.

—. *Creating.* New York: Fawcett Columbine, 1991.

—. *The Leader as Creator.* Salem, Massachusetts: DMA, 1986.

—. *The Path of Least Resistance - Learning to Become the Creative Force in Your Own Life.* New York: Fawcett Columbine, 1989.

—. *The Path of Least Resistance for Managers - Designing Organizations to Succeed.* San Francisco: Berret-Koehler Publishers, 1999.

Funk, Ken. "Perspectives on Science and Christian Faith." *American Scientific Affiliation.* September 2007. http://www.asa3.org/ASA/PSCF/2007/PSCF9-07Funk.pdf (accessed March 7, 2018).

Gaylor, Annie Laurie. "Freethought of the Day." *Freedom From Religion Foundation.* Edited by Annie Laurie Gaylor. February 15, 2017. https://ffrf.org/news/day (accessed February 15, 2017).

Giovannoli, Joseph. *The Biology of Belief - How Our Biology Biases Our Beliefs and Perceptions.* Rosetta Press, Inc, 2000.

Goldhill, Olivia. "The person who's best at lying to you is you." *Quartz.* March 18, 2018. https://qz.com/1231534/the-person-whos-best-at-lying-to-you-is-you/ (accessed March 19, 2018).

Gray, Jason D. "Buddhist Views of the Afterlife." *The Immortality Project, University of California, Riverside.* n.d. http://www.sptimmortalityproject.com/background/buddhist-views-of-the-afterlife/ (accessed March 2, 2018).

Green, Khalil. "Love for God in Islam - The Highest Attribute of Spiritual Attainment." *IslamiCity.* March 15, 2015. http://www.islamicity.org/6526/love-for-god-in-islam-the-highest-attribute-of-spiritual-attainment/ (accessed March 1, 2018).

Gregorie, Rev. John. "Nazarene Lord's Prayer." *The Tau.* n.d. https://sites.google.com/site/thetaugbbo00/nazarene-lord-s-prayer (accessed April 12, 2019).

Gunasekara, Dr V. A. "The Buddhist Attitude to God." *BuddhaSasana.* April 1997. https://www.budsas.org/ebud/ebdha068.htm (accessed February 26, 2018).

Guthrie, Woody. "This Land Is Your Land." *Woody Guthrie.* 1956 (renewed), 1958 (renewed), 1970, and 1972. https://www.woodyguthrie.org/Lyrics/This_Land.htm (accessed May 2, 2020).

Hafner, Katie. "As Catholic Hospitals Expand, So Do Limits on Some Procedures." *New York Time.* Aug 10, 2018r. https://www.nytimes.com/2018/08/10/health/catholic-hospitals-procedures.html (accessed May 1, 2020).

Hall, Douglas John. *God & Human Suffering.* Minneapollis: Augsburg Publishing House, 1986.

Hanh, Thich Nhat. "Buddhist Quotes." *The Buddhist Center.* n.d. http://www.thebuddhacenter.org/buddhism/buddhist-quotes/ (accessed March 20, 2018).

Hare, John Bruno. "Hinduism." *Internet Sacred Text Archive.* 2010. http://www.sacred-texts.com/hin/ (accessed October 17, 2018).

Harwell, Jaclyn. "Why Joy is More Important to Your Health than Food." *The Family That Heals Together.* May 22, 2016. https://www.thefamilythathealstogether.com/joy-important-health-food/ (accessed February 8, 2018).

"Having Hope in Allah The Almighty - I." *Islamweb.net English.* August 10, 2015. http://www.islamweb.net/en/article/178489/having-hope-in-allah-the-almighty-i (accessed March 20, 2019).

Hawkes, Brent. "Spirituality and sexuality. You can have both." *TEDxToronto.* December 7, 2015. https://www.youtube.com/watch?v=7NGB5rQKkpM (accessed December 20, 2018).

HealthCare Chaplaincy . ""Handbook of Patients' Spiritual and Cultural Values for Health Care Professionals" -Finding Meaning – Bringing Comfort." *healthcarechaplaincy.org.* 2013. http://www.healthcarechaplaincy.org/userimages/Cultural%20Sensitivity%20handbook%20from%20HealthCare%20Chaplaincy%20%20(3-12%202013).pdf (accessed November 6, 2018).

Herbert J. Gans. "This Is How the Republican Party Plans to Destroy the Federal Government." *The Nation.* Feb 13, 2017. https://www.thenation.com/article/archive/

this-is-how-the-republican-party-plans-to-destroy-the-federal-government/ (accessed May 30, 2020).

Hess, Abigail. "Here's how much the average student loan borrower owes when they graduate." *CNBC.com.* May 20, 2019. https://www.cnbc.com/2019/05/20/how-much-the-average-student-loan-borrower-owes-when-they-graduate.html (accessed May 4, 2020).

Hill, Napoleon. *Think and Grow Rich.* n.d.

Himilayan Academy, Saiva Siddhanta Theological Seminary at Kauai's Hindu Monastery. "Karma and Reincarnation." *Himilayanacademy.com.* n.d. https://www.himalayanacademy.com/readlearn/basics/karma-reincarnation (accessed March 21, 2018).

—. "TEACH HOW HINDUISM GRANTS EXPERIENCE OF GOD." *Raising Children As Good Hindus.* n.d. https://www.himalayanacademy.com/media/books/raising-children-as-good-hindus_ei/web/ch37_sec6.html (accessed March 1, 2018).

Hindu, The. "Experiencing God ." *The Hindu.* October 28, 2016. http://www.thehindu.com/features/friday-review/religion/Experiencing-God/article12543677.ece (accessed March 1, 2018).

Hindupedia. "Ideals and Values/Forgiveness." *Hindupedia.* n.d. http://www.hindupedia.com/en/Ideals_and_Values/Forgiveness (accessed February 19, 2018).

—. "Nature of God (This article was originally published in the April/May/June 2009 edition of "Hinduism Today"." *Hindupedia.* April 2009. http://www.hindupedia.com/en/Who_is_a_Hindu%3F#The_Nature_of_God (accessed Februry 27, 2018).

History - Great Depression History. "Great Depression History." *History.com.* n.d. https://www.history.com/topics/great-depression/great-depression-history (accessed May 7, 2020).

History - Labor Movement. "Labor Movement." *History.com.* Mar 31, 2020. https://www.history.com/topics/19th-century/labor (accessed May 6, 2020).

History.com Editors - 18th and 21st Amendments . "18th and 21st Amendments ." *History.* Jan 6, 2020. https://www.history.com/topics/united-states-constitution/18th-and-21st-amendments (accessed May 8, 2020).

History.com Editors. "Scopes Trial." *History.* Jun 10, 2019. https://www.history.com/topics/roaring-twenties/scopes-trial (accessed May 8, 2020).

Hitchens, Christofer. *the Portable Atheist.* Philadelphia: Da Capo OPress, a member of th Perseus Books Group, 2007.

Hitchens, Christopher. "4 Clips of Our Greatly Missed Hitch." *Youyube.* n.d. https://www.youtube.com/watch?v=HKRonSOYBN8 (accessed October 4, 2018).

Horodysky, Daniel. "American Mariners in World War II: First to Go; Last to Return." *Berkeley Daily Planet.* December 6, 1999. http://www.usmm.org/pearlharbor.html (accessed April 13, 2019).

Housing Wire. "Republicans move to abolish CFPB." *Housing Wirre.* May 7, 2019. https://www.housingwire.com/articles/48980-republicans-move-to-abolish-cfpb/ (accessed May 30, 2020).

Intelligent Design. "What Is Intelligent Design? ." *https://intelligentdesign.org/.* n.d. https://intelligentdesign.org/whatisid/ (accessed May 8, 2020).

International Planetarium Society, Incorporated. "The Age of the Earth and the Universe." n.d. http://www.ips-planetarium.org/?age (accessed November 12, 2016).

Izquierdo, German. "What is the purpose of life according to Judaism?" *Quora.* January 19, 2017. https://www.quora.com/What-is-the-purpose-of-life-according-to-Judaism (accessed March 27, 2018).

Jacoby, Susan. *Freethinkers.* New York : Metropolitan/Owl Book, Henry Holt and Company, 2004.

jannah.org. "The Attributes of God." *Islam 101.* February 26, 2018. http://www.islam101.com/tauheed/AllahNames.htm (accessed February 26, 2018).

Jason Plautz. "How to Eliminate Almost Every Federal Agency." *The Atlantic.* Aug 13, 2014. https://www.theatlantic.com/politics/archive/2014/08/how-to-eliminate-almost-every-federal-agency/452961/ (accessed May 19, 2020).

Jennifer Rubin. "George H.W. Bush and the 'L' word." *Washington Post.* Dec 3, 2018. https://www.washingtonpost.com/news/opinions/wp/2018/12/03/george-h-w-bush-and-the-l-word/ (accessed Ma7 31, 2020).

Jerry Bergman. "Darwinism and the Nazi Race Holocaust." *Answers In Genesis.* Nov 1, 1999. https://answersingenesis.org/charles-darwin/racism/darwinism-and-the-nazi-race-holocaust/ (accessed May 8, 2020).

John Gramlich. "What the data says about gun deaths in the U.S." *Pew Research Center - Factank News in Numbers.* Aug 19, 2019. https://www.pewresearch.org/fact-tank/2019/08/16/what-the-data-says-about-gun-deaths-in-the-u-s/ (accessed May 26, 2020).

Jones, Robert. *The End of White Christian America.* New York: Simon & Schuster, 2016.

Judiasm 101. n.d. http://www.jewfaq.org/613.htm (accessed November 6, 2017).

Kandell, Ellen. "Objectivity, Subjectivity, and the Known Unknowns: Intentions vs. Assumptions in Conflict Resolution." *Alternative Resolutions.* June 3, 2016. https://www.alternativeresolutions.net/2016/06/03/intentions-vs-assumptions/ (accessed June 16, 2019).

Karmapa, His Holiness the Gyalwang Karmapa. "Love and Compassion: Transforming our Relationships for the Better." *The Karmapa.* June 23, 2016. http://kagyuoffice.org/love-and-compassion-transforming-our-relationships-for-the-better/ (accessed February 16, 2019).

Keller, Timothy. *Making Sense of GOD - An Invitation tothe Skeptical.* New York: Penguin Random House LL, 375 Hudson Street, New York, 2016.

Khandavalli, Shankara Bharadwaj. "Karma." *Hindupedia.* n.d. http://www.hindupedia.com/en/Karma (accessed March 2, 2018).

Kivata. "What, according to Hinduism, is the purpose of life?" *Quroa.* December 16, 2016. https://www.quora.com/What-according-to-Hinduism-is-the-purpose-of-life (accessed March 27, 2018).

Koch, Richard. *The 80/20 Principle: The Secret to Achieving More with Less.* New York: Currency Doubleday, 1998.

Kornfield, Jack. "Why Practice it? (Forgiveness)." *Greater Good Magazine - Science Based Insights for a Meaningful Life.* n.d. https://greatergood.berkeley.edu/topic/forgiveness/definition#why-practice (accessed October 4, 2018).

Krista Niles. "ERA." *ERA.* Jan 27, 2020. https://www.equalrightsamendment.org/blog/2020/1/27/x0pqlkthiacyhpt31lxbppxthnxh6d (accessed May 5, 2020).

Kruger, J, and Dunning. D. "Unskilled and unaware of it: How difficulties in recognizing one's own incompetence lead to inflated self-assessments." *Journal of Personality and Social Psychology, 77(6), 1121-1134.* . Dec 1999. http://psycnet.apa.org/doiLanding?doi=10.1037%2F0022-3514.77.6.1121 (accessed March 19, 2018).

Kukkonen, Tuuli. "Still Going Strong: Sexuality in Older Adults." *TEDxGuelphU.* March 17, 2017. https://www.youtube.com/watch?v=pqLhPPOEJB4 (accessed December 19, 2018).

Kumar, Anjali. "My failed mission to find God — and what I found instead ." *Ted Talks Worth Spreading.* January 2018. https://www.ted.com/speakers/anjali_kumar (accessed February 1, 2018).

Lambert, Malcolm. *God's Armies - Crusade and Jihad: Origins, History, Aftermath.* New York London: Pegasus Books, 2016.

Lascola, Linda. "Our True Religion: Football, Firearms, and the American Flag." *Patheos - Nonreligious.* November 8, 2018. https://www.patheos.com/blogs/rationaldoubt/2018/11/our-true-religion-football-firearms-and-the-american-flag/?utm_medium=email&utm_source=BRSS&utm_campaign=Nonreligious&utm_content=456 (accessed November 8, 2018).

Lee Fang. "Foreign-Funded Dark-Money Groups Lobby IRS to Repeal Remaining Reporting Requirements." *The Intercept.* Feb 15, 2020. https://theintercept.com/2020/02/15/dark-money-irs-reporting-501c/ (accessed May 30, 2020).

Leitch, Cliff. "What Does the Bible Say About Love?" *The Christian Bible Reference Site.* January 1, 2010. http://www.christianbiblereference.org/faq_love.htm (accessed February 12, 2018).

—. "What Does the Bible Say About the Old Testament Law?" *Christian Bible Reference Site.* 1996-2014. http://www.christianbiblereference.org/faq_OldTestamentLaw.htm (accessed February 2, 2018).

Lewis, C.S. *Mere Christianity.* New York: Harper Collins, 2004.

Linder, Doug. "Bishop James Ussher Sets the Date for Creation." 2004. http://law2.umkc.edu/faculty/projects/ftrials/scopes/ussher.html (accessed November 12, 2016).

Lisa Rein & Damian Palleta. "If Trump has his way, this major federal agency is on the way out." *Washington Post.* Apr 10, 2019. https://www.washingtonpost.com/politics/if-trump-has-his-way-this-major-federal-agency-is-on-the-way-out/2019/04/09/935e2dfe-54c0-11e9-9136-f8e636f1f6df_story.html (accessed Apr 30, 2020).

Livni, Ephrat. "A Nobel Prize-winning psychologist says most people don't really want to be happy." *Quartz - #Lifegoals.* December 21, 2018. https://qz.com/1503207/a-nobel-prize-winning-psychologist-defines-happiness-versus-satisfaction/ (accessed December 21, 2018).

Lombard, Jay Dr. *The Mind of God - Neuroscience, Faith, and a Search for the Soul.* New York: Crown Publishing Group, a divisioin of Pengin Random House LLC, 2017.

Longenecker, Dwight. "Why Does God Allow Horrible Evil?" *National Catholic Register.* February 23, 2017. http://www.ncregister.com/blog/longenecker/why-does-god-allow-horrible-evil (accessed February 28, 2017).

Lumen Learning. "Introduction to Psychology - Humanistic Approaches." *Lumen Learning Courses.* n.d. https://courses.lumenlearning.com/waymaker-psychology/chapter/humanistic-approaches/ (accessed February 8, 2019).

Luskin, Fred. "What is Forgiveness?" *Greater Good Magazine - Science Based Insights for a Meaningful Life.* n.d. https://greatergood.berkeley.edu/topic/forgiveness/definition (accessed October 4, 2018).

Macrotrends. "Germany Population Growth Rate 1950-2020." *macrotrends.* 2020. https://www.macrotrends.net/countries/DEU/germany/population-growth-rate (accessed May 1, 2020).

Malaekah, Mostafa. "What is the Purpose of Life?" *islam-guide.com.* 2001. https://www.islam-guide.com/purpose-of-life.htm#s8 (accessed March 27, 2018).

Maltz, Maxwell. *Psycho-Cybernetics.* New York: Pocket Books a division of Simon & Schuster, 1989.

Manson, Mark. *The Subtle Art of Not Giving a F*ck.* New York: Harper One, 2016.

Marc Zvi Brettler, Peter Enns, Daniel J. Harrington. *The Bible and the Believer.* New York: Oxford University Press, 2012.

Mark Hertling, Lieutant General. "Obesity is a National Security Issue." *YouTube TEDxMidAtlantic .* 2012. https://www.youtube.com/watch?v=sWN13pKVp9s (accessed May 25, 2020).

Maroof, Rabbi Joseph Maroof. "What does Judaism Say About Love." *Ask the Rabiis.* September/October 2010. Rabbi Joseph Maroof (accessed February 13, 2018).

Maroof, Rabbi Joseph. "What Does Judaism Say About Love pg 25." *Ask the Rabbis.* September-October 2010. http://www.momentmag.com/wp-content/uploads/2013/02/What-Does-Judaism-Say-About-Love.pdf (accessed February 13, 2018).

Martha F. Davis. "To Promote the General Welfare." *American Constitution Society.* Sep 15, 2011. https://www.acslaw.org/expertforum/to-promote-the-general-welfare/ (accessed May 28, 2020).

Matthew Flemming. "The 5 Agencies Ted Cruz Would Cut." *Roll Call.* Nov 11, 2015. https://www.rollcall.com/2015/11/11/the-5-agencies-ted-cruz-would-cut/ (accessed May 30, 2020).

McCandless, Jeremy R. "Experiencing God - Day By Day." *Books.Google.com.* 2012. https://books.google.com/books?isbn=1471637093 (accessed March 1, 2018).

McCoy, Maxie. "Are you sabotaging everything you want? How to know." *Ladders.* March 7, 2019. https://www.theladders.com/career-advice/are-you-sabotaging-everything-you-want-how-to-know (accessed March 7, 2019).

McGrath, James F. "Naming the Animals, Young-Earth Creationist Style." *Patheos - Progressive Christiain.* October 12, 2018. http://www.patheos.com/blogs/religionprof/2018/10/naming-the-animals-young-earth-creationist-style.html?utm_source=Newsletter&utm_medium=email&utm_campaign=Progressive+Christian&utm_content=43 (accessed October 12, 2018).

McGrath, Maureen. "No Sex Marriage – Masturbation, Loneliness, Cheating and Shame." *TEDxStanleyPark.* July 6, 2016. https://www.youtube.com/watch?v=LVgzOyHVcj4&t=206s (accessed December 20, 2018).

—. "No Sex Marriage – Masturbation, Loneliness, Cheating and Shame." *TEDxStanleyPark.* July 6, 2016. https://www.youtube.com/watch?v=LVgzOyHVcj4 (accessed June 20, 2019).

McLeod, Ken. "Forgiveness Is Not Buddhist." *Tricycle.* 2017. https://tricycle.org/magazine/forgiveness-not-buddhist/ (accessed February 19, 2018).

Melanie Warner - Machine Politics In the Digital Age. "Machine Politics In the Digital Age." *New York Times.* Nov 9, 2003. https://

www.nytimes.com/2003/11/09/business/machine-politics-in-the-digital-age.html (accessed May 22, 2020).

Merritt, Carol Howard. *Healing Spiritual Wounds.* New York, New York: HarperOne, 2017.

Meslier, Jean. "Superstition In All Ages (1732)." *Gutenburg.org.* January 25, 2013. https://www.gutenberg.org/files/17607/17607-h/17607-h.htm#link2H_4_0013 (accessed March 23, 2018).

Meyers, Pamela. "How to spot a liar." *TED Global 2011.* October 11, 2011. https://www.youtube.com/watch?v=P_6vDLq64gE (accessed September 15, 2018).

Michael P. McDonald - National Election Project. "National General Election VEP Turnout Rates, 1789-Present." *National Election Project.* n.d. http://www.electproject.org/national-1789-present (accessed May 22, 2020).

Miles, Charles A. "In the Garden." *Timeless Truths.* 1913. http://library.timelesstruths.org/music/In_the_Garden/ https://creativecommons.org/licenses/by-sa/3.0/ (accessed November 6, 2016).

MJL Staff. "Hatikvah, the National Anthem of Israel." *My Jewish Learning.* n.d. https://www.myjewishlearning.com/article/national-anthem-of-israel/ (accessed March 20, 2018).

—. "Is There A Jewish Afterlife?" *My Jewish Learning.* n.d. https://www.myjewishlearning.com/article/life-after-death/ (accessed March 2, 2018).

—. "Jewish Resurrection of the Dead." *My Jewish Larning.* n.d. https://www.myjewishlearning.com/article/jewish-resurrection-of-the-dead/ (accessed March 2, 2018).

—. "Judaism and Sex: Questions and Answers." *My Jewish Learning.* 2018. https://www.myjewishlearning.com/article/

judaism-and-sex-questions-and-answers/ (accessed February 10, 2018).

—. "Tzitzit, the Fringes on the Prayer Shawl." *My Jewish Learning.* 2018. https://www.myjewishlearning.com/article/tzitzit/ (accessed February 10, 2018).

Mooney, Chris. *The REPUBLICAN WAR on SCIENCE.* New York: Basic Books, 2005.

Moran, Mark CEO. "Buddhist Sacred Texts: The Sutras." *Finding Dulcinea.* 2018? http://www.findingdulcinea.com/guides/Religion-and-Spirituality/Sacred-Texts.xa_1.html (accessed March 13, 2018).

—. "Hinduism: Understanding Sanatana Dharma." *Finding Dulcinea.* n.d. http://www.findingdulcinea.com/guides/Religion-and-Spirituality/Hinduism.pg_0.html#0 (accessed March 13, 2018).

Morehouse, Andrew R. *Voltaire and Jean Meslier.* New Haven: Yale University Press, 1936.

Moultman, Jurgend. "Theology of Hope by Jurgen Moltmann." *On-line JournL OF Public Theology.* n.d. http://www.pubtheo.com/theologians/moltmann/theology-of-hope-0b.htm (accessed March 19, 2018).

Muller, Richard A. *Now - The Physics of Time.* New York: W.W Norton & Company, 2016.

Murakami, Haruki. "Thailand." *Granta - The Magazine of New Writing.* 2011. https://granta.com/thailand/ (accessed February 8, 2019).

Murray, David. "8 Sources of Joy vs. 6 Thieves of It." *Christianity.com.* n.d. https://www.christianity.com/blogs/david-murray/8-sources-of-joy-vs-6-thieves-of-it.html (accessed March 22, 2018).

Nachman, Rabbi. "Experiencing the Presence of God." *JewishOutlook.com.* 2014. http://jewishoutlook.com/experiencing-the-presence-of-god/ (accessed March 1, 2018).

Naomi Jagoda. "Senate Republicans reintroduce bill to repeal the estate tax." *The Hill.* Jan 28, 2019. https://thehill.com/policy/finance/427328-senate-republicans-reintroduce-bill-to-repeal-the-estate-tax (accessed May 19, 2020).

Neil, Herms. "Erika." *Wikipedia.* 1930's. https://en.wikipedia.org/wiki/Erika_(song) (accessed January 22, 2017).

Newlyn, Emma. "Ganesh: The mudra, the meaning and the story of the elephant-headed god." *Yoga Matters.* March 6, 2017. https://www.yogamatters.com/blog/ganesh-mudra-meaning-story-elephant-headed-god/ (accessed October 8, 2018).

Nichols, Tom. "How America Lost Faith in Expertise (And Why Tgat's a Giant Problem)." *Foreign Affairs*, March/April 2017: 60-73.

NOLAN D. MCCASKILL and MATTHEW NUSSBAUM. "Trump signs executive order requiring that for every one new regulation, two must be revoked." *Politico.* Jan 17, 2017. https://www.politico.com/story/2017/01/trump-signs-executive-order-requiring-that-for-every-one-new-regulation-two-must-be-revoked-234365 (accessed May 19, 2020).

Novella, Steven. *Skptic's Guide to the Universe.* New York: Grand Central Publishing, 2018.

NPR. "When Did Companies Become People? Excavating The Legal Evolution." *NPR.org - Law.* Jul 28, 2014. https://www.npr.org/2014/07/28/335288388/when-did-companies-become-people-excavating-the-legal-evolution (accessed May 4, 2020).

Numrich, Paul. "Flow Chart of a Religous Ethical System." Self Published Paper, July 2018.

Nunez, Paul L. *The New Science of Consciousness - Exploring the Complexity of Brain, Mind, and Self.* Amerhest, New Yor: Prometheus Books, 2016.

Olivia, Keeley. "Masturbation is the New Meditation." *TEDxLeamingtonSpa.* November 28, 2018. https://www.youtube.com/watch?v=BUOzUTXFlQA&t=8s (accessed December 12, 2018).

O'Neill, Tim. "Jesus the Apocalyptic Prophet." *History for Atheists.* December 20, 2018. https://historyforatheists.com/2018/12/jesus-apocalyptic-prophet/ (accessed April 13, 2019).

OpenSecrets - What is a PAC? "What is a PAC?" *OpenSecrets.org.* n.d. https://www.opensecrets.org/pacs/pacfaq.php (accessed May 4, 2020).

Oshin, Mayo. "10 lessons from Benjamin Franklin's daily schedule that will double your productivity." *Ladders - Productivity.* February 11, 2019. 10 lessons from Benjamin Franklin's daily schedule that will double your productivity (accessed February 11, 2019).

—. "The Iron Mike rule: The one thing successful people do differently." *Ladders.* November 26, 2018. https://www.theladders.com/career-advice/the-iron-mike-rule-the-one-thing-successful-people-do-differently (accessed November 26, 2018).

OSIA - Italian Americans in the US. "Italian Americans in the US." *OSIA.* 2004. https://www.osia.org/wp-content/uploads/2017/05/IA_Profile.pdf (accessed May 18, 2020).

Patrick Malone & R. Jeffry Smith. "GOP chair of nuclear safety agency secretly urges Trump to abolish it ." *Center for Public Integrity.* Feb 7, 2018. https://publicintegrity.org/national-security/gop-chair-of-nuclear-safety-agency-secretly-urges-trump-to-abolish-it/ (accessed May 30, 2020).

Paul Fidalgo. "Eugenie Scott and Bertha Vazquez on "Reaching the 60%" for Evolution Education." *Center for Inquiry.* Oct 29, 2016. https://centerforinquiry.org/blog/eugenie-scott-and-bertha-vasquez-on-reaching-the-60-for-evolution-education/ (accessed May 8, 2020).

Payne, Richard. "The Authority of the Buddha: ." *Institute of Buddhist Studies, 2140 Durant Avenue, Berkeley CA 94704, U.S.A.* n.d. http://www.zurnalai.vu.lt/acta-orientalia-vilnensia/article/viewFile/3660/5149 (accessed March 7, 018).

Peter Defazio - US Congressman. "DeFazio-Authored Bill to Help US Postal Service Maintain Sustainability ." *Peter Defazio - US Congressman.* Feb 5, 2020. https://defazio.house.gov/media-center/press-releases/defazio-authored-bill-to-help-us-postal-service-maintain-sustainability (accessed May 22, 2020).

Peter G. Peterson Foundation. "How Does the U.S. Healthcare System Compare to Other Countries?" *Peter G. Peterson Foundation.* Jul 22, 2019. https://www.pgpf.org/blog/2019/07/how-does-the-us-healthcare-system-compare-to-other-countries (accessed May 25, 2020).

Peter G. Peterson Foundation. "U.S. Defense Spending Compared to Other Countries ." *Peter G. Peterson Foundation.* May 13, 2020. https://www.pgpf.org/chart-archive/0053_defense-comparison (accessed May 25, 2020).

Peterson, Kay, and David A. Kolb. *How You Learn is How You LIve.* Oakland, California: Berrett_Koehler Publishers, Inc, 2017.

Peto, Alan. "Buddhism for Beginners (a Quick Intro)." *Alan Peto.* December 14, 2011. https://www.alanpeto.com/buddhism/buddhism-quick-intro/ (accessed October 22, 2018).

Pew Research Center - Jynnah Radford. "Key findings about U.S. immigrants." *Pew Research Center.* Jun 17, 2019. https://www.

pewresearch.org/fact-tank/2019/06/17/key-findings-about-u-s-immigrants/ (accessed May 1, 2020).

Pew Research Center - Religious Landscape Study. "Religious Landscape Study." *Pew Research Study.* 2020. https://www.pewforum.org/religious-landscape-study/ (accessed Jun 5, 2020).

Pilgrim, Peace (aka Mildred Lisette Norman). *Peace Pilgrim Her Life and Work In Her Own Words.* Sante Fe, New Mexico, USA: Ocean Tree Books, 1983.

Piper, John. "What Is So Important About Christian Hope? ." *desiring God.* March 7, 2008. https://www.desiringgod.org/interviews/what-is-so-important-about-christian-hope (accessed March 20, 2018).

Pope, Msg Charles. "The Church Cannot Teach Error, Because She Was Founded by Jesus Christ, Who is God Himself." *National Catholic Register.* February 21, 2017. http://www.ncregister.com/blog/msgr-pope/the-church-cannot-teach-error-because-she-was-founded-by-jesus-christ-who-i (accessed February 28, 2017).

Prabhupada, Bhaktivedanta Swami. *Bhagavad-Gita - As it is.* Australia: McPherson's Printing Group, 2001.

Pratt, Ralph S. "I Was There! - I Was on the Bombed Steel Seafarer." *The War Illustrated.* September 30, 1941. I Was There! - I Was on the Bombed Steel Seafarer (accessed April 13, 2019).

"Pratyahara (Con't) – The Sense Organs." *Discover-yoga-online.com.* n.d. http://www.discover-yoga-online.com/sense-organs.html (accessed April 11, 2019).

Prothero, Stephen. *Religious Literacy - What every American Needs to Know - and Doesn't.* New York: Harper One - Harper Collins, 2008.

"Quotations on: Joy, Happiness ." *A View on Buddhism.* n.d. http://viewonbuddhism.org/dharma-quotes-quotations-buddhist/joy-happiness.htm (accessed March 26, 2018).

Rabbi. "Temple Ner Ami." *http://templenerami.org/.* November 2006. templenerami.org/.../Old/Nov%2006%20Good%20Evil%20and%20Freewill.pdf (accessed February 8, 2018).

Rasheta, Noah. "27 – Understanding Non-Attachment." *Secular Buddhism.* September 19, 2016. https://secularbuddhism.com/understanding-non-attachment/ (accessed October 31, 2018).

Reinke, Tony. *12 Ways Your Phone is Changing You.* Wheaton, Illinois: Crossway, 2017.

Rich, Tracey R. "Beliefs." *Judaism 101.* 2011. http://www.jewfaq.org/defs/beliefs.htm (accessed March 13, 2018).

—. "Halakhah: Jewish Law." *Judaism 101.* 2011. http://www.jewfaq.org/halakhah.htm (accessed March 13, 2018).

—. "The Nature of G-d." *Judaism 101.* 2011. http://www.jewfaq.org/g-d.htm (accessed February 26, 2018).

—. "What Do Jews Believe?" *Judaism 101.* 2011. http://www.jewfaq.org/beliefs.htm (accessed March 18, 2018).

Rich, Tracy R. "Love and Brotherhood." *Judaism 101.* 1995-201). http://www.jewfaq.org/brother.htm (accessed February 13, 2018).

Richard W. Hatcher III - South Carolina Encyclopedia - "States Rights Gist". "Gist, States Rights." *South Carolina Encyclopedia.* Aug 10, 2016. http://www.scencyclopedia.org/sce/entries/gist-states-rights/ (accessed May 27, 2020).

Rizvi, Sayyid Muhammad Rizvi. "Chapter Two: The Islamic Sexual Morality (1) Its Foundation." *Al-Islam.org.* Islamic Education & Information Center. 2018. https://www.al-islam.org/marriage-and-morals-islam-sayyid-muhammad-rizvi/

chapter-two-islamic-sexual-morality-1-its-foundation (accessed February 10, 2018).

Robin. "The Buddhist Outlook on Hope." *Buddhist Teachings*. April 16, 2013. http://www.buddhistteachings.org/the-buddhist-outlook-on-hope (accessed November 19, 2018).

Roosevelt, Franklin. "On Maintaining Freedom of the Sea." *FDR Library*. September 11, 1941. http://docs.fdrlibrary.marist.edu/091141.html (accessed April 13, 2019).

S., Pangambam. "Maureen McGrath: No Sex Marriage – Masturbation, Loneliness, Cheating and Shame (Transcript)." *The Singju Post*. September 2, 2016. https://singjupost.com/maureen-mcgrath-no-sex-marriage-masturbation-loneliness-cheating-and-shame-transcript/3/ (accessed June 20, 2019).

Sacks, Jonathan Rabbi. "Faith Lectures: Judaism, Justice and Tragedy – Confronting the problem of evil." *http://rabbisacks.org/*. April 6, 2000. http://rabbisacks.org/faith-lectures-judaism-justice-and-tragedy-confronting-the-problem-of-evil/ (accessed February 8, 2018).

—. "Future Tense – How The Jews Invented Hope." *Rabbi Sachs*. April 1, 2008. http://rabbisacks.org/future-tense-how-the-jews-invented-hope-published-in-the-jewish-chronicle/ (accessed 2018 20, March).

—. "The Pursuit of Joy." *Orthodox Union*. n.d. https://www.ou.org/torah/parsha/rabbi-sacks-on-parsha/the-pursuit-of-joy/ (accessed March 26, 2018).

Sarah O'Brien - CNBC - Companies get to defer payroll tax payments. "Companies get to defer payroll tax payments under coronavirus relief bill. Here's what that means for workers." *CNBC*. May 25, 2020. https://www.cnbc.com/2020/03/25/

companies-may-get-payroll-tax-relief-under-coronavirus-stimulus-bill.html (accessed May 28, 2020).

Sarah Pruitt. "George Washington Warned Against Political Infighting in His Farewell Address." *Hisory.* Feb 18, 2020. https://www.history.com/news/george-washington-farewell-address-warnings (accessed May 25, 2020).

Satlow, Michael. "How the Bible Became Holy." *ReformJudaism.org.* n.d. https://reformjudaism.org/jewish-life/arts-culture/literature/how-bible-became-holy (accessed March 7, 2018).

Schwartz, Gary E. PhD. *The Aferlife Experiments.* New York, NY: Atria Books, 2002.

Seidel, Andrew L. - The Founding Myth. *The Founding Myth.* New York: Sterling, 2019.

Shade, Leah D. "I Want Jesus to Let Me Off the Hook: The Rich Young Man and Me." *Patheos - Eco Preacher.* October 10, 2018. http://www.patheos.com/blogs/ecopreacher/2018/10/jesus-hook-rich-young-man-me/?utm_source=Newsletter&utm_medium=email&utm_campaign=Progressive+Christian&utm_content=43 (accessed October 12, 2018).

Shah, Zia, H. "Two Hundred Verses about Compassionate Living in the Quran." *The Muslim Times .* October 29, 2013. https://themuslimtimes.info/2013/10/29/three-hundred-verses-about-compassionate-living-in-the-quran/ (accessed February 15, 2018).

Shakir, M.H. *The Qur'an.* Elmhurst, New York: Tahrike Tarsile Qur'an, Inc., 2004 9th U.S. Edition.

Shakya, Buddha. "Devotional Love in Hinduism." *All You Need to KNow ABout Hinduism.* n.d. http://history-of-hinduism.blogspot.com/2010/10/devotional-love-in-hinduism.html (accessed February 16, 2018).

Sheima. "'Love' in the Quran and Sunnah." *How to Be a Happy Muslim.* July 30, 2016. http://howtobeahappymuslim.com/?p=946 (accessed February 15, 2018).

Shemtov, Rabbi Eliezer. "The Art of Forgiveness." *Chabad.org.* 2018 . http://www.chabad.org/library/article_cdo/aid/1619314/jewish/The-Art-of-Forgiveness.htm (accessed February 19, 2018).

Shermer, Michael. *Heavens on Earth - The Scientific Search for the Afterlife, Immortality, and Utopia.* New York: Henry Holt, 2018.

Shoemaker, H. Stephen. "The Saving of Liberal Christianity." *Shoemaker's Study - the Sermons and Writings of H. Stephen Shoemaker.* n.d. http://shoemakersstudy.com/2018/02/12/the-saving-of-liberal-christianity/ (accessed November 1, 2018).

Siddiqi, Dr. Muzammil H. "Why Does Allah Allow Suffering and Evil in the World?" *Islam Online Archive.* n.d. https://archive.islamonline.net/?p=885 (accessed January 30, 2018).

Slick, Matt. "What is the meaning and purpose of life?" *Christian Apologetics and Research Ministry (CARM).* May 12, 2012. https://carm.org/meaning-of-life (accessed March 27, 2018).

Smith, David Livingstone. *Why We Lie - The Evolutionary Roots of Deception and the Unconscious Mind.* New York: St. Martin's Press, 2004.

Soo Rin Kim. "The price of winning just got higher, especially in the Senate." *Open Secrets.* Nov 9, 2016. https://www.opensecrets.org/news/2016/11/the-price-of-winning-just-got-higher-especially-in-the-senate/ (accessed May 29, 2020).

Spiritual Excellence. "Happiness in Islam: 5 Steps to a Life of Joy and Purpose." *SpiritualExcellence.* July 2013. http://www.spiritualexcellence.com/blog/happiness-in-islam-5-steps-to-a-life-of-joy-and-purpose/ (accessed March 26, 2018).

Staloff, Darren. "Deism and the Founding of the United States." *Divining America, TeacherServe©. National Humanities Center.* May 2, 2020. http://nationalhumanitiescenter.org/tserve/eighteen/ekeyinfo/deism.htm (accessed May 2, 2020).

Stewart, George. *God and Pain.* New York: Geroge H. Doran Company, 1927.

Story-Fund? "Dunning-Kruger Effect." *Story.Fund.* 2014. http://story.fund/post/114093854037/dunning-kruger-effect (accessed March 19, 2018).

Stöwer, Willy. "Sinking of the RMS Titanic." *Wekimedia Commons.* 1912. By Willy Stöwer, died on 31st May 1931 - Magazine Die Gartenlaube, en:Die Gartenlaube and de:Die Gartenlaube, Public Domain, https://commons.wikimedia.org/w/index.php?curid=97646 (accessed August 3, 2019).

"Student Dictionary." *Merriam Webster - Word Central.* 2007. http://wordcentral.com/cgi-bin/student?faith (accessed December 29, 2018).

Subramuniyaswami, Satguru Sivaya. *Dancing with Siva: Hinduism's Contemporary Catechism.* IndiA: Himalayan Academy, 2003.

Sukel, Kayt. *The Art of Risk - The New Science of Courage, Caution, & Chance.* Washington, DC: National Geographic Society, 2016.

Susan C. Imbarrato (Crèvecœur, J. Hector St. John de). "A Library of American Literature: An Anthology in Eleven Volumes. 1891. Vol. III: Literature of the Revolutionary Period, 1765–1787." *Bartleby.com Great Books on-line.* 1782 (Ref 2015). https://www.bartleby.com/400/prose/407.html (accessed May 2, 2020).

Svirsky, Rabbi Efim. "Feeling God's Presence." *Aish.com.* n.d. http://www.aish.com/sp/pg/48894482.html (accessed March 1, 2018).

Ted Johnson. "Donald Trump Again Wants To Eliminate Funding For Public Media, But Congress Likely Won't Let Him." *Deadline.* Feb 10, 2020. https://deadline.com/2020/02/donald-trump-public-media-pbs-npr-1202856498/ (accessed May 19, 2020).

Thaler, Richard H., and Cass R. Sunstein. *Nudge - Improving Decision Abou Health, Wealth, and Happiness.* 375 Hudson Street, New York, New York 10014, USA: Penguin Group, 2009.

The Leadership Council On Civil and Human Rights."Trump Administration Civil and Human Rights Rollbacks." *The Leadership Council On Civil and Human Rights.* 2020. https://civilrights.org/trump-rollbacks/#2020 (accessed May 30, 2020).

—. "Trump Administration Civil and Human Rights Rollbacks." *The Leadership Council on Civil and Human Right.* 2017. https://civilrights.org/trump-rollbacks/ (accessed May 30, 2020).

The Learning Network. "New York Woman Killed While Witnesses do Nothing." *The Learning Network.* March 13, 2012. https://learning.blogs.nytimes.com/2012/03/13/march-13-1964-new-york-woman-killed-while-witnesses-do-nothing/ (accessed June 19, 2019).

"The Meaning of Life in Buddhism ." *ReligionFacts.com.* November 19, 2016. http://www.religionfacts.com/buddhism/meaning-life (accessed March 27, 2018).

The Week. "Don't listen to Paul Ryan: The GOP is still the party of makers and takers." *The Week.* Aug 14, 2014. https://theweek.com/articles/444399/dont-listen-paul-ryan-gop-still-party-makers-takers (accessed May 29, 2020).

Thera, Nyanaponika. "Buddhism and the God-idea." *Buddhist Publication Society - Access to Insight (BCBS Edition).* November 10, 2013. http://www.accesstoinsight.org/lib/authors/nyanaponika/godidea.html (accessed March 1, 2018).

This Day in History(?). "U.S. Constitution ratified." *https://www.history.co.uk/this-day-in-history.* n.d. https://www.history.co.uk/this-day-in-history/21-june/us-constitution-ratified (accessed May 5, 2020).

Thom Hartmann. "Does No One Care That 7 Million Votes Were Not Counted?" *Thom Hartmann Program.* Jan 6, 2017. https://www.thomhartmann.com/blog/2017/01/does-no-one-care-7-million-votes-were-not-counted (accessed May 29, 2020).

Turner, Laura Teddy. "Christian Beliefs on the Meaning of Life." *Classroom.* September 17, 2017. https://classroom.synonym.com/christian-beliefs-on-the-meaning-of-life-12087755.html (accessed March 27, 2018).

Tzadok, Ariel Bar. "Prayer for Receiving Divine Guidance (Torah)." *KosherTorah.com.* 2010. http://www.koshertorah.com/PDF/shavuotprayer.pdf (accessed February 9, 2018).

U.S. Department of Health and Human Services. "Leprosy." *Genetics Home Reference.* April 3, 2018. https://ghr.nlm.nih.gov/condition/leprosy (accessed April 9, 2018).

U.S. History - The Peculiar Instution. "27. Peculiar Institution." *U.S. History.org.* 2019. https://www.ushistory.org/us/27.asp (accessed May 27, 2020).

Union of Concerne Scientists. "Climate Change and Agriculture." *Union of Concerne Scientists.* Mar 20, 2019. https://www.ucsusa.org/resources/climate-change-and-agriculture (accessed May 29, 2020).

Unknown. "Sex." *The Buddha's Advice to Laypeople (Guidelines for developing a happier life).* February 8, 2018. https://buddhasadvice.wordpress.com/sex/ (accessed February 12, 2018).

US Census Bureau - Quick Facts. "Quick Facts US." *United States Census Bureau.* n.d. https://www.census.gov/quickfacts/fact/table/US/PST045218 (accessed May 5, 2020).

US Department of Labor"Handy Reference Guide to the Fair Labor Standards Act." *US Department of Labor.* Sep 2016. https://www.dol.gov/agencies/whd/compliance-assistance/handy-reference-guide-flsa (accessed May 7, 2020).

US Government. *All Types of STDs and STIs, STD Symptoms, STD Pictures, STD Treatment.* July 20,, 2015. http://www.std-gov.org/blog/types-of-stds/ (accessed November 4, 2016).

V, Jayaram. "Ananda, the State of Bliss or Happiness." *Hinduwebsite.com.* n.d. http://www.hinduwebsite.com/hinduism/concepts/ananda.asp (accessed March 26, 2018).

—. "Death and Afterlife in Hinduism." *Hinduwebsite.com.* n.d. http://www.hinduwebsite.com/hinduism/h_death.asp (accessed March 2, 2018).

—. "Good and Evil in Hinduism." *Hinduwebsite.com.* n.d. http://www.hinduwebsite.com/hinduism/h_goodandevil.asp (accessed February 9, 2018).

—. *Introduction to Hinduism.* Pure LIfe Vision, 2012.

—. "The 24 Tattvas of Creation in Samkhya Darshana." *Hinduwebsite.com.* n.d. The 24 Tattvas of Creation in Samkhya Darshana (accessed March 19, 2018).

—. "The Abiding Principles of Hindu Dharma." *Hinduwebsite.com.* n.d. https://www.hinduwebsite.com/what-is-hindu-dharma.asp (accessed October 28, 2018).

—. "What is Faith? Faith in Hinduism." *Induwebsite.com.* n.d. http://www.hinduwebsite.com/faith.asp (accessed March 19, 2018).

Van Loon, Hendrik. *Tolerance - The Story of Man's Struggle for the Right to Think.* New York: Liveright Publishing Corp, 1927 Revised 1940.

Vance, J.D. *Hillbilly Elegy - A Memoir of a Family and Culture in Crisis.* New York: HarperCollins, 2016.

Vesconte, Pietro - British Library, Public Domain. "Early World Maps." *Wikipedia.* 1321. https://commons.wikimedia.org/w/index.php?curid=3595637 (accessed November 8, 2016).

Vidyamala. "Being here: A Buddhist approach to pain." *Wildmind Buddhist Meditation.* February 20, 2007. https://www.wildmind.org/applied/pain/being-here (accessed January 30, 2018).

Vij, Rajiv. "Maslow's Hierarchy Revisited…the Eastern Way!" *Personal Alchemy Blog.* October 11, 2011. https://rajivvij.com/2008/09/maslows-hierarchy-revisitedthe-eastern.html (accessed November 26, 2018).

Wakefield, Dan. *How Do We Know When It's God?* Boston, New York, London: Little, Brown and Company, 1999.

Waldinger, Robert. "What makes a good life? Lessons from the longest study on happiness." *TED.* January 25, 2016. https://www.youtube.com/watch?v=8KkKuTCFvzI (accessed December 13, 2018).

Watson, Peter. *The Age of Atheists - How we have sought to live since the deth of God.* New York: Simon & Schuster, 2014.

Weinberg, Rabbi Noah. "The Meaning Of Life." *Aish.com.* n.d. http://www.aish.com/sp/f/48964356.html (accessed March 27, 2018).

Weiner-Davis, Michele. "The sex-starved marriage ." *TEDxCU.* April 14, 2014. https://www.youtube.com/watch?v=Ep2MAx95m20 (accessed December 12, 2018).

Wellman, Jack. "Top 7 Bible Verses About Curiosity." *Patheos.* November 28, 2016. http://www.patheos.com/blogs/christiancrier/2016/11/28/top-7-bible-verses-about-curiosity/ (accessed June 12, 2018).

Westerville Public Library - Anti-Saloon League Museum. "Anti-Saloon League Museum." *Westerville Public Library.* n.d. http://www.westervillelibrary.org/AntiSaloon/ (accessed May 8, 2020).

Weston, Walter L. *The Self-Healing Pocket Guide.* Wadsworth, Ohio: Transitions Press, 1996.

"What is Islam?" *Inspired by Mohammad.com.* 2010? http://www.inspiredbymuhammad.com/islam.php?&content_80=2#10 (accessed March 27, 2018).

"What is the Purpose of Life in Buddhism." *Teachings of the Buddha.* n.d. https://teachingsofthebuddha.com/what-is-the-purpose-of-life-in-buddhism/ (accessed March 27, 2018).

Wiesner, Irving. "A Jewish Psychiatrist's Views on the Meaning of Life." *Jews for Jesus.* April 1, 2006. https://jewsforjesus.org/publications/issues/issues-v16-n06/a-jewish-psychiatrist-s-views-on-the-meaning-of-life/ (accessed March 27, 2018).

Wikipedia - Abolish ICE. "Abolish ICE." *Wikipedia.* May 16, 2020. https://en.wikipedia.org/wiki/Abolish_ICE (accessed May 30, 2020).

Wikipedia - Annuit coeptis. «Annuit coeptis.» *Wikipedia.* May 1, 2020. https://en.wikipedia.org/wiki/Annuit_c%C5%93ptis (accessed May 18, 2020).

Wikipedia - Biblical Literalism. "Biblical Literalism." *Wikipedia.* May 8, 2020. https://en.wikipedia.org/wiki/Biblical_literalism (accessed Jun 5, 2020).

Wikipedia - Buffett Rule. "Buffett Rule." *Buffett Rule.* Oct 25, 2019. https://en.wikipedia.org/wiki/Buffett_Rule (accessed May 30, 2020).

Wikipedia - Bush v Gore. "Bush v Gore." *Wikipedia.* May 14, 2020. https://en.wikipedia.org/wiki/Bush_v._Gore (accessed Jun 1, 2020).

Wikipedia. "Campaign finance in the United States." *Wikipedia.* May 21, 2020. https://en.wikipedia.org/wiki/Campaign_finance_in_the_United_States (accessed May 29, 2020).

Wikipedia. „E pluibus unum." *Wikipedia.* May 14, 2020. https://en.wikipedia.org/wiki/E_pluribus_unum (accessed May 18, 2020).

Wikipedia. "Eighteenth Amendment to the United States Constitution." *Wikipedia.* May 6, 2020. https://en.wikipedia.org/wiki/Eighteenth_Amendment_to_the_United_States_Constitution (accessed May 8, 2020).

Wikipedia. "English Americans." *Wikipedia.* Apr 24, 2020. https://en.wikipedia.org/wiki/English_Americans#Census:_1980-2000 (accessed May 1, 2020).

Wikipedia. "FCC fairness doctrine." *Wikipedia.* Apr 30, 2020. https://en.wikipedia.org/wiki/FCC_fairness_doctrine#Basic_doctrine (accessed May 22, 2020).

Wikipedia. "German Americans." *Wikipedia.* Apr 29, 2020. https://en.wikipedia.org/wiki/German_Americans (accessed May 1, 2020).

Wikipedia. "In God We Trust." *Wikipedia.* May 18, 2020. https://en.wikipedia.org/wiki/In_God_We_Trust (accessed May 18, 2020).

Wikipedia. "Irish-Americans." *Wikipedia.* Apr 16, 2020. https://en.wikipedia.org/wiki/Irish_Americans (accessed May 1, 2020).

Wikipedia. "Jefferson Bible." *Wikipedia.* March 19, 2020. https://en.wikipedia.org/wiki/Jefferson_Bible (accessed May 2, 2020).

Wikipedia. "List of U.S. states by population." *Wikipedia.* May 5, 2020. https://simple.wikipedia.org/wiki/List_of_U.S._states_by_population (accessed May 29, 2020).

Wikipedia. "Manifest Destiny." *Wikipedia.* Apr 25, 2020. https://en.wikipedia.org/wiki/Manifest_destiny (accessed May 2, 2020).

Wikipedia. "Monroe Doctrine." *Wikipedia.* Apr 28, 2020. https://en.wikipedia.org/wiki/Monroe_Doctrine (accessed May 2, 2020).

Wikipedia. "Native Americans in the United States." *Wikipedia.* May 17, 2020. https://en.wikipedia.org/wiki/Native_Americans_in_the_United_States (accessed May 18, 2020).

Wikipedia. "No Surrender (Song)." *Wikipedia.* Apr 20, 2020. https://en.wikipedia.org/wiki/No_Surrender_%28song%29 (accessed May 30, 2020).

Wikipedia. "Novus oro seclorum." *Wikipedia.* May 1, 2020. https://en.wikipedia.org/wiki/Novus_ordo_seclorum (accessed May 18, 2020).

Wikipedia. "Racial and ethnic categories." *Wikipedia.* May 14, 2020. https://en.wikipedia.org/wiki/Race_and_ethnicity_in_the_United_States (accessed May 18, 2020).

Wikipedia - T.T Ross - "Let the World Go Away". "T.T. Ross." *Wikipedia.* Mar 22, 2020. https://en.wikipedia.org/wiki/T.T._Ross (accessed May 27, 2020).

Wikipedia. "United States congressional apportionment." *Wikipedia.* May 15, 2020. https://en.wikipedia.org/wiki/United_States_congressional_apportionment (accessed May 29, 2020).

Wikipedia. "United States immigration statistics." *Wikipedia.* Apr 10, 2020. https://en.wikipedia.org/wiki/United_States_immigration_statistics (accessed May 1, 2020).

Wikipedia. "United States presidential elections in which the winner lost the popular vote." *Wikipedia*. May 30, 2020. https://en.wikipedia.org/w/index.php?title=United_States_presidential_elections_in_which_the_winner_lost_the_popular_vote&action=history (accessed Jun 1, 2020).

Wikipedia. "Buddhist vegetarianism." *Wikipedia*. November 29, 2018. https://en.wikipedia.org/wiki/Buddhist_vegetarianism (accessed February 5, 2019).

—. "Diet in Hinduism." *Wikipedia*. January 31, 2019. https://en.wikipedia.org/wiki/Diet_in_Hinduism (accessed February 5, 2019).

—. "Eternal Sin." *Wikipedia*. August 17, 2018. https://en.wikipedia.org/wiki/Eternal_sin (accessed September 27, 2018).

—. "List of Christian denominations by number of members." *Wikipedia*. August 20, 2018. https://simple.wikipedia.org/wiki/List_of_Christian_denominations_by_number_of_members#Catholic_Church_-_1 (accessed December 28, 2018).

—. "List of religious populations." *Wikipedia*. February 5, 2018. https://en.wikipedia.org/wiki/List_of_religious_populations (accessed February 13, 2018).

—. "Old Testament." *Wikipedia*. n.d. https://en.wikipedia.org/wiki/Old_Testament (accessed October 15, 2018).

—. "Quran." *Wikipedia*. n.d. https://en.wikipedia.org/wiki/Quran (accessed October 16 2018).

—. "Religous Views on Love." *Wikpedia*. November 10, 2017. https://en.wikipedia.org/wiki/Religious_views_on_love#Hindu (accessed February 16, 2018).

—. "Synoptic Gospels - Wikipedia." *Wikipedia*. n.d. https://www.google.com/imgres?imgurl=https://upload.wikimedia.org/wikipedia/commons/thumb/6/6f/

Relationship_between_synoptic_gospels-en.svg/360px-Relationship_between_synoptic_gospels-en.svg.png&imgrefurl=https://en.wikipedia.org/wiki/Synoptic_Gospels&h=4 (accessed October 12, 2018).

—. "Tanmatras." *Wikipedia.* September 26, 2016. https://en.wikipedia.org/wiki/Tanmatras (accessed April 11, 2019).

—. "Two Gospel Hypothesis." *Wikipedia.* n.d. https://www.google.com/imgres?imgurl=https://upload.wikimedia.org/wikipedia/commons/thumb/e/ee/Synoptic_problem_two_source_colored.png/220px-Synoptic_problem_two_source_colored.png&imgrefurl=https://en.wikipedia.org/wiki/Two-source_hypothesis&h=257&w=220& (accessed November 11, 2016).

Wikiquote - Grover Norquist. "Grover Norquist." *Wikiquote.* May 13, 2019. https://en.wikiquote.org/w/index.php?title=Grover_Norquist&action=history (accessed May 19, 2020).

Wilber, Ken. *The Religion of Tomorrow.* Boulder: Shambhala Publications, 2018.

Wilder, Thornton. *Our Town.* 1938 Book 1940 Movie.

Willett, Sunder. "Evil and Theodicy in Hinduism." *Denison Journal of Religion (Vol 14, Article 5).* 2015. https://digitalcommons.denison.edu/cgi/viewcontent.cgi?referer=https://www.google.com/&httpsredir=1&article=1095&context=religion (accessed February 9, 2018).

Winkler, Rabbi Gershon. "What Does Judaism Say About Love? pg 24." *Ask the Rabbis.* September-October 2010. http://www.momentmag.com/wp-content/uploads/2013/02/What-Does-Judaism-Say-About-Love.pdf (accessed February 13, 2018).

World Population Review. "Africa." *World Population Review.* 2020. https://worldpopulationreview.com/continents/africa-population/ (accessed May 31, 2020).

World Population Review. "Central America and South America." *World Population Review.* 2020. https://worldpopulationreview.com/continents/south-america-population/ (accessed May 31, 2020).

Worldometer. "Population of Italy." *worldometer.* May 27, 2020. https://www.worldometers.info/world-population/italy-population/ (accessed May 27, 2020).

Worldometer. "UK Population." *Worldodometer.* 2020. https://www.worldometers.info/world-population/uk-population/ (accessed May 1, 2020).

Bildnachweis

Unterzeichnung der Unabhängigkeitserklärung: https://upload.wikimedia.org/wikipedia/commons/f/f9/Declaration_of_Independence_%281819%29%2C_by_John_Trumbull.jpg

Jesus Porträt - Sebechleby - Typisches katholisches Bild des Herzens Jesu Christi aus der Slowakei, gedruckt in Deutschland ab Ende des 19. Jahrhunderts. ursprünglich von einem unbekannten Künstler.: https://www.istockphoto.com/vector/sebechleby-typical-catholic-image-of-jesus-christ-heart-gm479186714-67068031

American Flag from by Town of Canton North Carolina October 14, 2019: https://www.cantonnc.com/town-of-canton-veterans-ceremony/american-flag-2260839_960_720/

Freiheitsstatue: https://www.nps.gov/npgallery/GetAsset/3454FD91-1DD8-B71B-0B21A93398840C35

Trumpfkopf von Phyllis Barnard with permision.

Buchumschlag Design von Phyllis Barnard und Ghislain Viau.

Über den Autor

Ivan Beggs lebt, arbeitet und reist in den USA, Europa, Indien, China, Vietnam und Südamerika. Er war als Programmmanager bei der *Timken Company* tätig und bei den Reservetruppen der *US Army* im Rang eines Obersten mit zwei Bronzesternen und einer *Legion of Merit*, inzwischen im Ruhestand.

Bildung

- Brooklyn Technical High School
- BS, Worcester Polytechnic Institute
- MA, Theology, Trinity Lutheran Seminary
- MS, Ohio State University
- MBA, Ohio State University
- Absolvent am US Army War College.

Ivan Beggs ist verheiratet, hat vier Kindern und vier Enkelkinder. Er lebt in Hendersonville, North Carolina.

www.ingramcontent.com/pod-product-compliance
Lightning Source LLC
Chambersburg PA
CBHW030250030426
42336CB00009B/324